# 用棒棒糖卖洗衣机

## 司空见惯背后的玄机

方圆 王晖龙 /编著

重庆出版集团 重庆出版社

### 图书在版编目(CIP)数据

用棒棒糖卖洗衣机:司空见惯背后的玄机/方圆,王晖龙编著. —重庆:重庆出版社,2010.7
ISBN 978-7-229-02345-4

Ⅰ.①用… Ⅱ.①方…②王… Ⅲ.①经济学—通俗读物 Ⅳ.①F0-49

中国版本图书馆 CIP 数据核字(2010)第 101067 号

## 用棒棒糖卖洗衣机
### ——司空见惯背后的玄机
YONG BANGBANGTANG MAI XIYIJI
方 圆 王晖龙 编著

出 版 人:罗小卫
责任编辑:陶志宏 何 晶
责任校对:时 刻
版式设计:重庆出版集团艺术设计有限公司·王芳甜

重庆出版集团 出版
重庆出版社

重庆长江二路 205 号 邮政编码:400016 http://www.cqph.com
重庆出版集团艺术设计有限公司制版
自贡新华印刷厂印刷
重庆出版集团图书发行有限公司发行
E-MAIL:fxchu@cqph.com 邮购电话:023-68809452
全国新华书店经销

开本:787mm×1 092mm 1/16 印张:13.75 字数:188 千
2010 年 7 月第 1 版 2010 年 7 月第 1 次印刷
ISBN 978-7-229-02345-4
**定价:26.80 元**

如有印装质量问题,请向本集团图书发行有限公司调换:023-68706683

版权所有 侵权必究

## 序言：
# 慧眼识真相

你知道超市里为什么会有节日促销吗？你知道他们是怎么用棒棒糖卖掉洗衣机的吗？你知道自己为什么会买不需要的东西吗？

你知道赌徒总是输得精光的深层次原因吗？你知道不能借钱给朋友背后的道理吗？你知道人们为什么对爱情和婚姻总是做最坏的打算吗？

你知道为什么没钱不幸福而有钱了还是不幸福吗？你知道真正的幸福是自由地支配时间和精力吗？你知道幸福与网络、读书这些因素存在的联系吗？

……

本书将会为你分析这些问题的答案，告诉你事情的真相。

本书不仅仅是要告诉你这些真相，本书还想通过这些已经展示的答案和分析，让你自己对本书尚未涉及到的生活现象进行分析和揭示，本书的目的在于授"君"以渔。

那么，这究竟是一本什么样的书呢？

这是一本有关经济学的书。经济学？！别害怕，这本书里没有高深的术语，没有复杂的公式，更没有难以理解的语言，它只是生活里的小故事和小智慧。我们为你揭示的是生活中时时伴随在你左右的价格、金钱、交易的真相。

这也是一本有关心理学的书。心理学？！不要慌，这本书里不涉及深奥难懂的概念，不涉及枯燥乏味的实验，更不会陷入神秘怪异的圈子里，它只是日常生活和现实状况的直观反映。我们为你揭示的是人们司空见惯的想

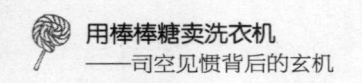

法、行动、作为的真实原因。

　　当然，这还是一本故事书，本书收录了许多有趣的例子，以短小的篇幅，从你熟悉的生活场景——超市、客厅、餐厅、电影院等场所出发，谈论你感兴趣的话题——价格、产品、朋友、爱情、幸福等内容。

　　本书旨在还原事物的本质，为你展示生活本来的面目，最终的目的是让你拥有一双慧眼，让你通过对所见、所闻、所感到的事件和行为的分析，了解事情背后的真相，对你所处的世界万事万物能够了然于胸，对你所经历的世间万千气象变幻能够恍然大悟。

　　这本书适合那些想要探寻日常生活现象背后玄机的人阅读，这本书也适合那些想要通过少量阅读就对经济学和心理学常识有所了解的人，当然，这本书也适合于把阅读当做一种休闲的人士。

　　如果你正在犹豫是否趁商场打折而去扫货，如果你正在考虑去哪里买一台电脑，如果你正在疑惑算命先生对你说的话是否可信，如果你正在为是否借钱给朋友而为难，如果你为爱情与婚姻究竟是怎么回事而正伤脑筋，如果你正在思索人生的幸福之舟在哪里，那么，请翻开本书阅读吧！一次趣味阅读之旅即将在你眼前展开。

# 目录 Contents

序言：慧眼识真相 　001

## 第一章　超市里的学问

- 超市里的节日促销 　002
- 用棒棒糖卖掉洗衣机 　003
- 产品降价带来销量大增 　006
- △需求弹性 　008
- 产品价格越高，买的人却越多 　010
- 购物返券，却不直接打折 　012
- 产品降价不一步到位 　014
- 天天平价，却不样样平价 　015
- △顾客的购买心理 　017
- "事与愿违"的销售结果 　019
- 人为什么会买自己不需要的东西 　021

## 第二章　你对价格敏感吗

- 机票打折，火车票却不打折 　026
- 预约打折，直接上门却不打折 　028
- 优惠券发给了"不需要的人" 　030
- 亚马逊的涨价券 　031
- △价格歧视 　033
- 公交车便宜的真实原因 　035
- 看不懂的出租车计费方式 　036
- △稀缺性 　038
- 畅销书特价，热门电影却会涨价 　040
- 钻石很贵，水却很便宜 　042
- 空气无限多，却有收费氧吧 　044
- 人为制造的短缺 　046
- 从"郁金香"到"向日葵" 　047

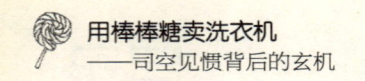

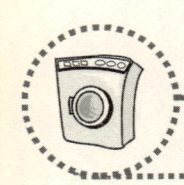

## 第三章　每个人都有一个心理账户

- 赌场上,到底输了多少　052
- 损失与未得,感觉大不同　054

△ 心理账户　055

- 出租车司机的心理账户　058
- 刷卡消费　060
- 拥有时与失去时,感觉完全两样　061
- 现金变成度假,为什么反而高兴　063
- 省钱一样多,行为却不同　064
- 大钱小花,小钱大花　066

△ 送礼的讲究　068

## 第四章　认知上的偏差

- 送礼时,礼物越贵越好吗　072
- 顺序也会影响判断　073
- 一个无关的参考　075

△ 认知偏差　076

- 黑比白贵,苹果笔记本的颜色也值钱　078
- 乔布斯6大谎言　080

△ 从众心理　082

- 责任分散　084
- 堵车问题的背后　086
- 限行并非最佳决策　087
- 拥挤的公交车门口　089

目 录

## 第五章　真的假不了，确实如此吗

- 算命的"复兴" *092*
- 流行的星座说法 *093*
- △证实偏见与后视偏见 *096*
- 命在天定，事在人为 *099*
- 星座相配与八字不合 *100*
- △期待效应 *102*
- 自我期许的力量 *105*
- 冷眼看股市 *106*

## 第六章　偏离还是回归

- 计划总也赶不上变化 *110*
- △过于自信 *112*
- 过于自信的优点 *114*
- △锚定效应 *116*
- "维多利亚的秘密"的秘密 *119*
- 表扬和批评，哪个更有效 *121*
- △中值回归 *123*
- 滥用概率规律 *125*

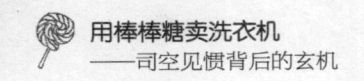

## 第七章　过去决定了现在

- 换工作，却不换行业　128
- △路径依赖　129
- 火箭助推器，由两匹马屁股的宽度决定　132
- 戴尔模式　133
- 相似的物品，不同的规格和标准　135
- 饮料为什么装在圆瓶子里　136
- 百事可乐的名人广告策略　138
- △权威效应　140
- 走入误区的名人广告　142
- 名人广告的原则　143
- 广告代言的罪与罚　146

## 第八章　人际交往的背后

- 为什么不能借钱给朋友　150
- 借钱的学问　152
- 帮助朋友不是为了结个仇人　153
- △个人空间理论　155
- 与同事相处之道　158
- 怎样与难缠的同事打交道　160
- 同性与异性，区别对待　162
- △异性效应　164

## 第九章　爱情的迷局

- 爱情本身是一场交易　168
- 爱情中的博弈　169
- 能够相信一见钟情吗　171
- 爱情为什么总以悲剧收场　172
- 爱情是两个人需求的互补　175
- △爱情有效期　177
- 结婚的动力在哪里　179
- 同居与离婚　181
- 男人爱撒谎，红颜多薄命　183
- △人们总是把婚姻做最坏的打算　185

## 第十章　幸福从何处来

- 有钱才谈得上幸福　190
- 有钱却不一定幸福　191
- △幸福与经济学　193
- 时间、健康与幸福　195
- 真正的幸福是自由　197
- △利基与人的自由　199
- 利基时间　201
- 网络对幸福感的影响　203
- 读书与幸福　204

写在最后：要不要买下这本书　206

后记　208

# 第一章
# 超市里的学问

　　每逢节假日,到处都充斥着欢乐的气氛,超市里不断高攀的人气,似乎也反映出人们快乐的心情。在被问及为什么要"凑热闹"地集中购物时,大多数的顾客都认为是节日促销吸引了自己,因为促销给自己带来了巨大的实惠;然而,节日促销真的是商家让利给消费者吗?超市和其他的各种购物场所里还藏着哪些不为人知的秘密呢?

用棒棒糖卖洗衣机
——司空见惯背后的玄机

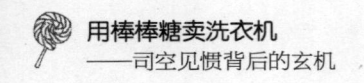

# 超市里的节日促销

在超市行业里,有一句话叫做"有节过节,没节造节"。超市似乎比其他的市场更加喜欢节日,因为节日的购物狂潮能够给它带来许多的好处。同时,也有人认为,节日里的购物狂潮本身就是超市的节日促销手段引发起来的。

每逢节日来临,超市里就会掀起一股促销的旋风,什么限时特价了,买一送一了,什么满多少元送什么礼品了,不胜枚举。在 2010 年春节前,笔者在北京的公交电视里不断地看到家乐福的促销广告,而且是每周一换,先是满 218 元送 5 公斤袋装大米,后是满 188 元送一提卫生纸,再是满 188 元送购物优惠券,尤其是后者,所送的优惠券并未确定具体的优惠折扣和抵金数目,而是根据消费金额的多少来确定优惠数目的多寡,手法可谓花样百出,令人眼花缭乱。

那么,超市为什么要搞节日促销?它的背后又有着怎样的玄机呢?

超市进行促销的原因之一是由于商品囤积,需要进行清仓处理。有些产品是厂家积货严重,就会以较低的价格或折扣出售给超市,超市的提货价便宜了,所以就可以搞促销,但是更多的情况则是超市利用它的资本转换的方法来赚钱。比如,一些不太好卖的产品,超市对其进行大促销,或者干脆作为赠品送给消费者,这样就可以防止这种产品的库存过多。有些本来赚 1 块的,他只赚个五毛。还有些东西总是卖不掉的,留着占用了空间资源和资金不流动。也就是说,不怕赚小钱,就怕资金周转不灵。

超市进行促销的另一个重要原因是通过促销,能够让本来没有购买计划的人购买产品,或者本来计划少买的顾客最终多买。比如,我们经常见到

在换季的时候，或者是某种产品要进行更新换代的时候，超市就会进行大规模的促销活动，这样就能靠着打折，让一些本来不会买的顾客下决心购买，于是商家卖出了额外的份数。当然，商家要面对的挑战，是防止愿意按标价付款的买家用大幅折扣价买下商品。为了达到这个目的，超市为顾客设置了两道门槛：其一，热衷于买折扣商品的购物者，必须提醒自己，商品什么时候开始打折；其次，他必须耐心等待，把要买的东西推迟到打折的时候再买。这些门槛的有效性表现在，如果愿意跳过这些门槛的人，要不是碰到大幅打折，本来是不会购买那个商品的，即使要买也不会买那么多份。问题是，为什么其他的人不跳过这些门槛呢？原因在于，要么时间成本较高，或是对价格本身不敏感的人，往往觉得跳过门槛太麻烦，而会选择在商品不打折的时候购买。

当然，超市进行节日促销，还可能是出于扩大销售来增加影响力的考虑，原先可以赚取较多利润的产品，通过降价的手段实现薄利多销，或者是对那些自有品牌或是利润大的品牌进行促销。总之，超市进行促销活动的真正目的在于扩大销量，提高利润，这是永远都不会改变的。在促销活动中，通过部分商品的打折和降价，往往能够带动其他商品的销售，这也是超市对促销乐此不疲的巨大动力，"用棒棒糖卖洗衣机"就是这种促销手段的极致形式。

## 用棒棒糖卖掉洗衣机

用棒棒糖怎么能够卖掉洗衣机？这在许多人看来是不可思议的事情，然而，在现实生活中，这样的情况却处处存在，甚至你就是那个在无意间走进了"圈套"的人。下面我们就以"理想化"的方式，来为你说明超市里是如

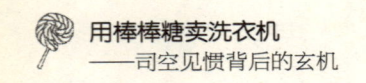

何用棒棒糖卖掉洗衣机的。

情景一：在你的住所附近有一家 A 超市，并且你也已经习惯了到这里去购买各种生活用品，当然也包括你买给孩子的棒棒糖。你的家里准备新购置一台洗衣机，你已经做好计划要在周末的时候去 A 超市选购，你甚至已经确定了自己要选择的品牌和型号，当然，价格你也早就心里有谱了。

但是，有一天早晨打开房门的时候，一份印刷得不错的 B 超市宣传册塞到你家门口的报刊筐中，你顺手拿起将其放在客厅里，心里没多想就去上班了。当你下班回家，一打开房门就发现你的孩子正抓着那份宣传页，专注地盯着某个地方不动，甚至嘴边都流下了哈喇子，你凑上前一看，原来是一整面的棒棒糖的宣传，与 A 超市较为单调的棒棒糖品种相比，B 超市的棒棒糖有着更多的口味选择，包装也更为精美，更让人惊喜的是，价格也不比 A 超市贵，甚至那些常见的品种在价格上还有优势。于是，你就带着孩子去了离家也并不太远的 B 超市。

在给孩子买了一大堆的棒棒糖之后，你顺便也转到家电区去看看洗衣机，没曾想，这里正在搞促销活动，你看好的那款洗衣机价格上便宜了不少，而且还负责送货上门，于是你当下做出决定，在 B 超市买下了这台洗衣机。

情景二：你去某超市购买一些生活用品，在结账台等待付账的时候，看见了一幅超市的宣传海报，上面写着"购物满 100 元，送 50 元限时抵金券"，并且在下面用小字又详细地介绍了抵金券的使用期限和规则。你在心里大体盘算了一下自己的购物金额，好像差不多可以满 100 元，但收银员扫描完全部商品的价签以后，总金额显示的数字只有 99.8 元，你便顺手拿起一个棒棒糖，加入到你的那些商品中。这下子，你在结账以后，便走到超市的服务台前，在几个人的队伍后等待了 5 分钟，最终用购物小票换取了一张 50 元抵金券的卡片。

你刚准备拿着买好的东西和这张卡片回家，却被卡片上的说明给扯住了。原来，抵金券的使用必须是在当天，且只能用于价格在 800 元以上的家电产品。你在脑海里搜索了一番，很快地就确定了家里的洗衣机需要淘汰了。那是一台旧式的洗衣机,洗衣和甩干是分体设计的,你早就想过要买一台全自动的一体洗衣机来代替它,但是并没有具体的淘汰时间表,这下倒好,你当下做出决定,去买洗衣机。

情景三:就在你家的对面,新开张了一家超市,开业的仪式搞得热热闹闹,你也都看在了眼里,但眼下你并没有什么购买计划,所以也就没有把这一切放在心上。但是,某一天的晚上,一位年轻女士敲开了你的家门,说是对面那个超市的员工,要送给你一些超市自有品牌的棒棒糖免费品尝,当然也不会忘记给你留下一份宣传的海报。

你们全家人当下就吃了免费的棒棒糖,但是根本就没有翻开海报看一眼,就把它丢进了垃圾桶里。棒棒糖的味道很不错,你在心里忽然觉得有些亏欠那个上门的年轻女孩,好像夜里都因此而没有睡安稳。第二天的几乎同一时间,那位超市员工又一次敲开了你家的门,送给你同样数目的免费棒棒糖之后,还把宣传海报打开,指给你看家电宣传的部分,并且说是其中的一台洗衣机,现在选购最划算不过了。

你微笑着送走那个年轻女士后,又一次与全家人共享了棒棒糖的美妙滋味,同时,你们全家人坐在一起,"研究"了超市的宣传海报,并且最终真的认为,那位超市女孩推荐的产品物超所值,考虑了一下之后,你决定将自己家里的洗衣机送给父母,重新再买一台新的。第二天下班以后,你们全家人就迫不及待地来到了那家超市,买下了那台洗衣机,有趣的是,超市方面同时送给了你相当于前两次三倍数目的免费棒棒糖。

为什么会出现上面的情况?现实生活中,真的存在用棒棒糖卖掉洗衣机的案例吗?答案是肯定的,其实,通过一件商品来销售另一件商品,是超市里最常使用的策略,只是很多情况下并没有"棒棒糖"和"洗衣机"对比那么明显罢了。比如,超市根据庞大的顾客购买记录数据库,统计出商品的相关性,即购买 A 商品的顾客有多大的可能性会购买 B 商品,如果两件商品的相关性较高,则将其放置在相邻位置,通过对一件商品的促销,可以明显地提高另一件商品的销量。

同时,用棒棒糖卖掉洗衣机给我们的最大启示在于,要想方设法地让

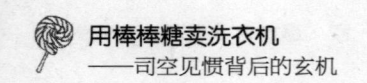

顾客来到店里，因为消费行为必须是在消费现场里发生的，如果不能把顾客吸引到消费现场来，就无法奢求顾客的购买行为了。也许，用"棒棒糖"吸引到店里的人，并非全都购买了"洗衣机"，但只要是其中的一些人有了购买行为，就已经是达到目的了。因为，我们没法去控制某个人的具体行为，但对整个消费者群体来说，他们的购买动机是有规律可循的，比如，通过降价能提高销量，这是一个很直观的现象，当然其中也包含着一些原理。

## 产品降价带来销量大增

2008年底的一天，笔者在家里翻看附近一大型超市的促销海报，发现某品牌的一桶5升装大豆油只要38.8元，比想象中的价格要便宜不少，于是决定周六去买上一桶。但是周六到达超市后，发现促销海报上的那种大豆油根本不存在，在询问售货人员后才得知，原来是因为这种大豆油较其他植物油价格便宜不少，很多人都疯狂抢购，所以一早就被全部售完，所幸的是，明天还会有新的货源到来，当下决定明天早起一些，在超市一开门的时候就来买，并且决定要买上两桶。

周日，也就是第二天的早晨，笔者在超市刚开门的时候就已经到了那里，但还是没有买到那种促销的大豆油，因为在超市开门后5分钟之内，500桶新到的大豆油已经被抢购一空，并且有很多人排起了一条长长的队伍，在已经"空无一物"的地方，等待超市调集新的货源过来。

以上便是降价带来销量大增的一个实例，该超市可谓是深谙此道，通过降价既扩大了销售，又赢得了人气，可谓是一举多得。在这个过程中，超市是运用了心理定价策略中的招徕定价策略。

每一件产品都能满足消费者某一方面的需求，其价值与消费者的心理感受有着很大的关系。这就为心理定价策略的运用提供了基础,使得超市在定价时可以利用消费者心理因素,有意识地将产品价格定得高些或低些,以满足消费者生理的和心理的、物质的和精神的多方面需求,通过消费者对企业产品的偏爱或忠诚,扩大市场销售,获得最大效益。而招徕定价策略就是适应消费者"求廉"的心理,将产品价格定得低于一般市价,个别的甚至低于成本,以吸引顾客、扩大销售的一种定价策略。采用这种策略,虽然几种低价产品利润有限,甚至不赚钱还亏本,但从总的经济效益看,由于低价产品带动了其他产品的销售,超市还是有利可图的。

除了招徕定价策略,常见的心理定价策略还有尾数定价策略、整数定价策略、声望定价策略、习惯定价策略等。

尾数定价是指给产品定一个零头数结尾的非整数价格。大多数消费者在购买产品时,尤其是购买一般的日用消费品时,乐于接受尾数价格。如0.99元、9.98元等。消费者会认为这种价格经过精确计算,购买不会吃亏,从而产生信任感。同时,价格虽离整数仅相差几分或几角钱,但给人一种低一位数的感觉,符合消费者求廉的心理愿望。这种策略通常适用于基本生活用品。

整数定价是指故意给产品定一个整数,以显示产品具有一定质量。整数定价多用于价格较贵的耐用品或礼品,以及消费者不太了解的产品,对于价格较贵的高档产品,顾客对质量较为重视,往往把价格高低作为衡量产品质量的标准之一,容易产生"一分价钱一分货"的感觉,从而有利于销售。

声望定价即针对消费者"便宜无好货、价高质必优"的心理,对在消费者心目中享有一定声望,具有较高信誉的产品制定高价。不少高级名牌产品和稀缺产品在消费者心目中享有极高的声望价值。购买这些产品的人,往往不大关注产品价格,而最关心的是产品能否显示其身份和地位,价格越高,心理满足的程度也就越大。

有些产品在长期的市场交换过程中已经形成了为消费者所适应的价格,成为习惯价格。超市对这类产品定价时要充分考虑消费者的习惯倾向,

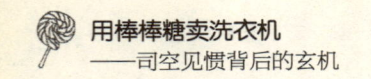

采用"习惯成自然"的定价策略。对消费者已经习惯了的价格,不宜轻易变动。降低价格会使消费者怀疑产品质量是否有问题。提高价格会使消费者产生不满情绪。

无论是采取降价策略,还是其他的心理定价策略,超市的目的只有一个,那就是在销量和利润之间寻求一个平衡点,使得利润能够最大化。在现实中,降价是否一定能够带来销量大增的现象吗?或者是其他的定价策略就一定可以发挥效用吗?要回答这些问题,就涉及到消费的需求弹性问题。

## 需求弹性

"需求弹性"是经济学中一个非常重要的概念,它最早是由英国著名的经济学家阿尔弗雷德·马歇尔提出的。马歇尔,可以说是现代微观经济学的奠基人,是剑桥学派和新古典学派的创始人。

马歇尔将政治经济学这门学科的名字改为"经济学",使它从仅仅是人文科学和历史学科的一门必修课发展成为一门独立的学科,昭示着经济学已经成为了像物理学、数学或其他精确的知识体系一样的正式科学。并且,剑桥大学还在他的影响下建立了世界上第一个经济学系。

按照马歇尔的解释,当价格下跌或上升时,商品需求数量会相应地增加或减少,需求变化程度比价格变动小,就是需求弹性小;反之则需求弹性大;如两者相等,则需求弹性均匀。换句话说,所谓需求弹性,就是指需求与价格之间相互依赖的程度大小。需求弹性的大小取决于价格变化时需求量随之变化的程度。

经济学家总结出这样的简单规律:当供给不变,价格就取决于需求,取决于购买者的购买欲望和购买能力。当供给增加的时候,价格就会下降,而供给减少时价格就会上升。

当然,供给与需求的关系还可以延伸到生活中很多有意思的话题,比如,禁毒是增加了还是减少了与毒品相关的犯罪?在一般人看来,禁毒会减少毒品的供给,进一步会降低毒品的需求,自然会减少与毒品相关的犯罪。然而经济学家却给出了不同的回答,首先,吸毒的人很难克制自身的毒瘾,因此他们对毒品的需求是缺乏弹性的,而毒品买卖则是与国家禁毒力度密切相关,因此供给弹性较大。而在需求不变,减少供给的情况下只会不断提高商品的价格,因而毒品会越来越贵,在高额利润的驱使下,还是会有人铤而走险。因此单纯禁止毒品无法真正起到禁毒的作用,真正有效的方法是降低需求,也就是进行反毒品教育和戒毒。

需求弹性是经济学中使用极广的概念,今天的商人们更是运用得炉火纯青,前面我们讲到的通过降价来提高销量就是对需求弹性的运用。需要特别指出的是,需求弹性在一些情况下会发生"失灵",通过对这种"失灵"的精准把握,就可以既提高销量,又增大利润,比如,通过提价或是把产品价格定得很高,反而能够促进产品的销售,这其中当然也有学问存在。

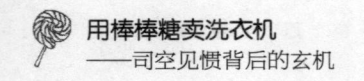

用棒棒糖卖洗衣机
——司空见惯背后的玄机

# 产品价格越高，买的人却越多

2007年7月26日，产自日本新潟县的"越光"和宫城县的"一见钟情"两个品牌的一级大米在北京太平洋百货开卖。两种大米均为两公斤包装，售价分别高达198元和188元。然而比国内普通大米价格高出20倍的日本大米依然得到了消费者的热烈追捧，专门冲着大米来的顾客也大有人在，不到20天，12吨"天价大米"竟然在北京销售一空。

这好像和我们的常识相反：商品价格定得越高越畅销。而在经济学家看来，这种现象被称为"凡勃伦效应"，这是一种奇特的经济现象，一些商品价格定得越高，就越能受到消费者的青睐。

凡勃伦效应反映了人们进行挥霍性消费的心理愿望，它表明消费者购买这类商品的目的并不仅仅是为了获得直接的物质满足和享受，更大程度上是为了获得心理上的满足。消费行为在本质上是受他人引导的活动，消费背后的潜在动机是模仿和争胜，处在较低阶层的人模仿高阶层的人的消费样式。

托斯丹·邦德·凡勃伦对这种消费进行了无情地嘲讽，他指出，在一定程度上，我们的消费是模仿他人，这样我们就不会因为与他人的巨大差异而感到窘迫，规模巨大的广告产业改变了我们的消费习惯，我们常常模仿名人的消费，如果国王吃白面包，能够支付得起的人也吃白面包，即使白面包营养很低。

由于凡勃伦效应的存在，所以一些产品的营销走的是"贵营销"路线，其中以哈根达斯冰激凌为最典型的代表。提起哈根达斯，我们的脑海里马上就涌现出高贵、华贵、昂贵等"贵族"形象，然而，市场中并不存在天生或是世袭的贵族产品,产品的贵族属性都是顾客赋予它的。

哈根达斯的贵族血统是如何炼成的呢?

首先,哈根达斯注重升级情感价值。产品价值有限,精神价值无穷,哈根达斯深悉此道,所以,它一个劲儿地往爱情上靠。哈根达斯的口号是"爱她就给她"。每到情人节时,哈根达斯就积极发挥它的罗曼蒂克风格,除了特别推出由情人分享的冰淇淋产品外,还给情侣们免费拍合影照,让他们从此对哈根达斯"情有独钟",以此方式来进一步提升品牌附加值。

其次,哈根达斯做到了入乡随俗。在中国,任何高端消费品都不能忽视礼品市场,哈根达斯作为冰激凌的贵族,自然也要迎合中国的习俗,增添喜庆和祝福的内涵。针对中秋节礼品市场,哈根达斯专门开发了价高质优的冰激凌月饼,向所在城市的各大公司推销,很多公司把这款月饼作为送给普通员工的节日礼物。

最后,哈根达斯总是让自己出现在"贵族"场合,从而奠定了自己的"贵族"身份。哈根达斯总是会出现在一些高档楼盘的活动现场,在这些楼盘开盘之类的活动中,在一些高档楼盘开盘时,开发商给客户免费品尝哈根达斯,借助哈根达斯的牌子造氛围,为顾客创造特殊的价值和体验,以显示自己的贵气、大气。从哈根达斯来看,营销渠道拓宽了,在卖房子的地方卖起了雪糕,更主要的是抓住了这些"贵"消费者,通过与这些"贵族"消费者的亲密接触,保持了品牌的亲和力,收到了吸引顾客的效果。

无论是日本新潟大米,还是哈根达斯冰激凌,都为我们展示了一个奇妙的现象:产品价格越高,买的人却越多,这让我们想起了电影《大腕》中的那句经典台词:"不求最好,但求最贵"。这么看来,消费者的购买行为并非总是会那么理性,有的人就是在用金钱来累积荣耀,通过买贵东西来满足自己的心理需求。然而,并非所有的人都追求这种感觉,一些花更多钱的人也许只是为了能得到一个返券,反而是"贪便宜"的结果,我们在用棒棒糖卖洗衣机一节里已经谈到这个情况,这种购物返券的方式,它又有着怎样的魔力呢?

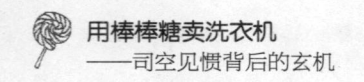

## 购物返券，却不直接打折

无论是超市还是商场，我们常见到购物返券的情况，我们尚且在疑惑商家为什么不直接打折的时候，答案就已经出来了。因为自己的消费过程很好地说明了商家这么做的巨大好处，当然，这个巨大的好处是对商家而言的，因为为了让返券发挥作用，消费者不得不产生二次购买行为，这正好中了商家的下怀。

如果说，购物返券让消费者不断地产生新的购买行为，那倒也算是符合情理的双向选择，但是，在实际的购物返券活动中，很多商家都是把价格虚标到很高，再通过购物返券的方式来吸引消费者，这就存在着欺骗的成分，因此很多地方都叫停了购物返券。

购物返券虽说得到了限制，但类似的方法却未曾消失，消费积分的妙用就是例子。很多公司为如何吸引、留住顾客绞尽了脑汁。他们有的给顾客赠送精美的小礼品，有的提供免费饮料，有的印制购物优惠券，促销手段层出不穷。现在，又有研究给商家提供了一个绑牢顾客的新方法。这些研究不仅告诉我们怎样绑牢顾客，还告诉我们顾客对什么样的奖励有兴趣。

这个绑牢顾客的新方法就是：消费满多少就送。这个计划能让顾客表现出较高的忠诚度，并且只要卖方先赠送部分消费积分，顾客就更急着达到规定消费额。这是约瑟夫·努内斯和沙维·德雷兹教授研究的结果。

在一项实验中，研究人员给 300 名顾客发了洗车忠诚卡。同时对顾客表示，每洗一次车，忠诚卡上就会盖一次章。忠诚卡分两种，一种是满八个章送一次洗车服务，这种卡上还未有印章。另一种是满十次送一次服务，不过已经盖了两个章。其实两种卡都需要顾客消费八次才能有免费赠送，不同的是后一种卡商家预先给了积分。

接着,拿了忠诚卡的顾客开始来洗车了,每消费一次工作人员就盖一个章。几个月后,研究人员查看了实验结果,发现努内斯他们的假设得到了证实。前一组中只有 19% 的顾客集齐了 8 个章,后一组拿到两个赠送章的顾客中,有 34% 集齐了另外 8 个章。不仅如此,后一组顾客集齐印章的速度也比前一组要快,平均 2.9 天光顾一次洗车场。

努内斯和德雷兹表示,以消费积分换免费服务时,先赠送部分积分,比让顾客从零开始更能促进购买。他们还指出,顾客离规定积分越近,购买行为就越频繁。从上面的实验中也可以看出,从零积分开始的顾客,每次光顾洗车场的间隔天数比第二组要多一天半。

这种利用消费积分来绑定消费者的忠诚卡,在超市里更是非常普遍,它有一个更为让人舒服的名字"会员卡"。从上面的介绍中,我们知道,那些在办卡时就赠送部分积分的方式要比不赠送积分要高明一等,但不管怎样,只要是利用"会员卡"来绑定消费者,就算是收到了"购物返券,但不直接打折"的目的。

无论是购物返券,还是它的变种,而不选择直接打折,除了购物返券这种形式本身能够带来好处外,还在于直接打折本身是有一些缺点的。比如,一件定位较高档的商品,如果直接打折销售,则可能会降低它在消费者心目中的品质感受,而如果采用返券或是累积积分的方式来给予消费者优惠,则不会降低产品的品质感受,还会让消费者觉得得到了分外的好处,心里是一百个高兴。

其实,商家的降价、打折行为处处可见,但却总是躲躲闪闪,不肯直接以真面目示人,甚至还有的产品,本来就计划着降价销售,但降价的过程却"一波三折",从来不一步到位。

用棒棒糖卖洗衣机
——司空见惯背后的玄机

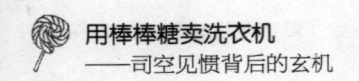

## 产品降价不一步到位

我们在前面已经讲过,产品降价能够带来销量的提升,商家也经常会拿出降价这个法宝来刺激市场,吸引消费者的眼球。大家对降价这一行为也都觉得理所当然,尤其是对于电脑、数码类的产品来说,每过一段时间都会自然地降价,一般消费者对一些心仪的产品,如果其价格不在自己的消费程度内的时候,也常常会有"等其降价再买"的心理。我们不禁会产生一些疑问:为什么产品一定要从"天价"慢慢地降下去,而不是一步到位呢?

对于电脑、数码类的产品,都有这样的规律,就是刚刚上市时其价格都是比较高的,一般来说其定价给人一种不合理的感觉。在之后比较短的时间内,就会发生大降价的现象,但是也并非降价一步到位,而是会继续缓慢地降价,直至最终退出市场。在整个降价的过程中,其实包含着商家的"良苦用心",下面我们就进行一下简单的分析。

新品之所以会定一个比较高的价格,是为了促进旧产品的销售。以数码相机为例,通常都是按照系列来推出的,消费者在比较新品与同系列中的旧产品的各项参数后,发现旧产品性能略弱,但价格上有明显优势,并且由于推出新款,旧产品的淘汰已经提上日程,消费者就会抓紧购买旧款产品。新品定一个较高的价格,还可以给消费者一种"品质高贵"的印象,虽说价格可能超过了消费者的心理预期,但一旦发生降价,在进入消费者的心理预期范围后,就能使消费者掏腰包。当然,新品价格较高的原因,还和货源有限及需要对市场进行一些试探有关。

当然,产品降价不一步到位,最主要的目的是在于实现各个价位的销售。同样一件商品,不同的人是有着不同的心理价位的,也就是说,有的人愿意花较多的钱去购买,有的人却只愿意花较少的钱购买。为了让更多的人购买,且实现利润的最大化,就可以通过逐步降价的办法来争取到最多的消费者和最高的利润。有人可能会说,既然一定会降价,为什么还会有人愿意在价格处于高位的时候出手呢？这是由于对于"发烧友"来说,尝鲜是最为重要的,他们对价格本身并不十分在乎,再说了,如果非要等到价格降到最低,可能也就是这个产品要被淘汰的时候了,那时你也许根本就看不上这个产品了,而是对另一个产品感兴趣,结果继续等到那个产品降价到最低,如此循环往复,永远都买不到自己需要的东西。所以说,每个消费者都只能是在符合自己心理价位的范围内,购买某一件产品,成为商家在各个不同销售价位上的一个点。

如果说,电脑、数码类的产品有一个不断降价的过程,那么日常生活用品的价格则会保持相对稳定。但是,经常见到超市里的特价促销活动,这又是为什么呢？尤其是一些超市更是打出了"天天平价"的旗帜,这种现象背后又有着怎样的玄机呢？

## 天天平价,却不样样平价

全球500强企业沃尔玛公司是世界上最大的连锁零售企业。1996年,沃尔玛进驻中国,以"天天平价"为宗旨,践行着"为顾客节省每一分钱"的口号。不出几年,沃尔玛就一跃而起,占据了中国零售超市的榜首。至2008年,沃尔玛已经在中国的89个城市开设了143家商场,每周光临沃尔玛在华超市的顾客超过500万人次。沃尔玛的"天天平价"形象,已经使都市人把去沃尔玛购物当成一种消费习惯。

但是,常常去沃尔玛(或者其他的超市)购物的你,是不是也曾心存疑虑：同样是以赢利为目的的商家，为什么沃尔玛的东西就能比别家便宜呢？

沃尔玛不是不求利润的慈善家，它坚持"天天平价"并不是它愿意每天都让利，而是它在压缩成本方面更胜一筹。

沃尔玛入货是从厂家直接采购，签订供销合同，省去中间环节，减少了供应商成本。普通商贩的订购量不可能同它相比，厂家当然愿意将自己的产品放在遍布全国的沃尔玛商场——即便单价更便宜。

沃尔玛有完善的物流，实施中心辐射配送战略，以开车行驶不超过一天的路程为半径，在这个范围内设立的分店都不需要大型仓库，取消仓储环节，降低运输成本。

同时，沃尔玛还通过对整个产业链的控制来降低成本，比如，郎咸平教授就指出，沃尔玛通过控制城市周边农用土地的办法，从蔬菜的生产到最终销售，都完全掌握在自己手中，少了中间的环节，当然就更好地控制了成本。

不过，享受"天天平价"的同时，你也别天真地以为沃尔玛这样的大超市真能够给我们带来"样样平价"的实惠。正如经济学家称，商家对利润的敏感犹如苍蝇嗜血的本性，沃尔玛当然不例外。细心留意我们不难发现，沃尔玛的商品总是轮番打折，今天食品大促销，明天生活用品搞活动。其实，它的所谓"天天平价"主要是针对那些顾客比较熟悉的商品、价格感知比较敏感的食品、日常消费品，在顾客心中树立"平价"形象，以部分商品的低价招徕更多顾客，也能进一步推动正价商品的消费。

无论是超市的"天天平价"，还是逐步降价，又或者是"贵营销"，凡此种种，其实都是抓住了顾客的购买心理特征，而确定的各种具体措施与方法。那么，顾客都有哪些购买心理呢？

## 顾客的购买心理

顾客的购买行为背后,可能有着复杂而具体的动机,即使是同样的购买行为,也可能因为这个顾客与那个顾客的不同,而有着完全不同的原因。但总的来说,顾客的购买心理可以概括为以下八种:

第一,追求舒适的心理。人的大部分生活是围绕着身体的需要展开的,他们需要吃、喝、睡和冷热适宜的温度,而且绝大多数人都将其主要精力放在获得这些基本必需上。另一些人用一部分精力即可满足这些需要,并在此基础上继续追求其他渴望的东西。

第二,追求美的心理。美的东西撞击到我们的神经和情感就会使我们产生强烈的满足和快乐。生活中,迎合顾客求美心理的现象随处可见,只要环顾一下四周,我们就能发现,人们追求美的动机正强烈地影响着众多商品的设计和包装。

第三,效仿和炫耀的心理。从心理学角度加以分析,许多人所以要效仿他人去购买某种商品,是因为他们认为这样做可以表明他们比那些凡人要高出一筹。从这种意义上说,这种购物心理与追求卓越不凡的自我感觉是大致相同的。因为在那些人心目中他所模仿的人在某一方面都是卓有成就的。

第四,占有的心理。人的获取欲望或占有欲望通常表现在许多方面。绝大部分人都喜欢拥有东西。更有不少人爱收集东西，个别人甚至还爱贮藏东西。我们不得不承认，人似乎都有一种占有欲，都想把存在的东西称作"自己的"。

第五，"交际欲"心理。"交际欲"心理基本是一种试图接近和打动异性的欲望。我们可以用生活中最常见的现象来解释问题。往往人们在决定购买某些商品或寻求某些服务时，如化妆品、服装、发型或电影票，真正起作用的往往是异性。比如，某项针对女性的调查就显示，她们中的绝大多数购买高级化妆品和新潮流时装来打扮自己的理由，是为了在恋人那里表现自己的娇媚动人。

第六，猎奇和新鲜心理。现实生活中，人们都喜欢到处活动、旅游、观看新景致和追求生活中的新刺激，这种欲望年轻人比老年人更强烈。在年轻人当中普遍存在着这样的心理：凡是新的，他们就要试试，他们追求新奇感、新刺激的欲望比任何人都要强烈。

第七，寻求正义感、责任感，体现爱的心理。正义感、责任感、对他人的爱，这些都是人们后天培养的一种购物心理，但我们也同样不应加以忽视。正如有的人可以为他心目中的理想而献身，可以为自己或他人争得公正而奋斗一样，他们宁愿舍弃各种欢乐也要让自己满意地感到在为正义呕心沥血、死而无憾。作为现代人来说，他们都希望自己能在事业上有所成就，伴随着这种希望的是他们的责任感和贡献感，这足以使他们感到由衷的自豪和满足。另外，作为人的天性，表现出各种爱心也是消费者购物心理的一种具体表现：父母之爱、夫妻之爱、恋人之爱等等无不是商家推销产品时经常利用的。

第八，恐惧和谨慎的心理。前面提到的各种购买心理都是寻找和追求美好的结果，而出于恐惧和谨慎心理购买的动机，也是在日常生活中容易遇到的。人们恐惧的心理往往是害怕得不到美好的结果，或者是担心在突然间会失去已有的欢乐。作为正常人来说谁都害怕失去生命、健康、朋友、金钱、工作、自由、生活安定以及他们所珍视的一切，而得不到他们渴望的东西和失去它们一样，都会给人造成痛苦，不管是肉体还是精神上的。比如，女性购买化妆品，其目的除了追求美以外，在一定程度上也是为了留住现在。

最后，要指出的是，这些购买心理之间是彼此交错的，比如，女性购买美容化妆品可能是出于追求美的心理，也可能是出于"交际欲"心理，也可能是出于恐惧和谨慎的心理（想要留住即将逝去的青春）。

商家或是销售人员正是通过对顾客购买心理的把握，采取了有针对性的策略，才最终"如愿以偿"地销售出了产品（和它的价格）。然而，让人看不懂的是，商家并非总能"如愿以偿"，有时也会得到"事与愿违"的销售结果。商家真的是打错了算盘吗？还是本来就是有的放矢，故意为之呢？

## "事与愿违"的销售结果

许多年前，美国厨具零售商威廉姆斯-索拿马公司推出了一种高级面包机。它比当时该公司最畅销的面包机还要先进。奇怪的是，该商品推出后，并没有迎来大量的订单，反而却让原先畅销的那种面包机销量又翻了一番。这是为什么呢？

伊特玛·西蒙森教授认为，当顾客有几种型号的商品可选择时，他们容易选"折中选项"——既符合最低限度的使用需求，又不会超过最高心理价

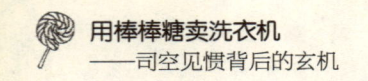

位的商品。也就是说，当顾客在两个合适的商品中做选择时，通常会选择价格较低的那个。此时如果有价格更高的商品出现，顾客又会放弃最便宜的那种而购买中间价位的商品。

正因为顾客的这种心理，威廉姆斯-索拿马公司推出的高级面包机就把原先畅销的面包机变成了"折中选项"，也就出现了原先畅销的面包机再次热销的情况。

面包机的案例给我们的启示是，公司的高端产品至少会为销售带来两点好处：第一，高端产品会迎合小部分消费群体的需要，并且会帮助塑造公司处于行业领先地位的形象。第二，高端产品带来的另一个潜在优势是，它会让次一级的产品价格看起来更具有吸引力。

一项针对微波炉的营销实验也充分证明了这种现象的普遍性，通过引入一个看似无关的选项往往能带来意想不到的结果。

在营销实验中，研究人员对艾默生微波炉和松下微波炉进行了如下安排：

第一组可选择的有两款：艾默生($109.99)，松下($179.99)。

第二组可选择的有三款：第一组的两款，以及一款松下高端产品($199.99)。

结果发现，只有两款选择的情形下，43%的消费者选择购买松下($179.99)；而在有三款选择的情形下，60%的消费者选择购买松下($179.99)。这说明，增加一个高价产品，其本身销量未必会增加，但它强化了客户对次高价位产品的感知，并影响到原来选择低价产品的客户去购买次高价位的产品。

事实上，商家的确是这么干的，翻阅一下汽车、手机、化妆品的产品目录，商家们其实并不奢望卖出多少"豪华套装"和"顶级配置"，而是以此来提高消费者对相关产品的期望价位。高端产品的出现会推动次一级商品的销售，所以，合理利用顾客的认知对比在产品销售中有着不可小视的作用。如果不懂得其中的道理，就会"吃大亏"。

举个大家都熟悉的例子：多数酒吧和酒店会把较贵的酒类列在菜单底

侧,顾客在点菜时也许都看不到那里;还有些店则把它们列在单独的菜单上。这两种菜单都没有让各种不同价位的酒形成对比,那么也就不能使中等价位的酒具备"折中选项"的优势。中等价位的酒对顾客来说,也就没有那么大的吸引力了。如果将菜单稍加改动,把高价的酒类和其他酒列在一起,并且要将高价酒列在菜单的顶端,列在顾客一眼就看得到的地方。这样,中等价位的酒就会变成"折中选项",变得让人更容易接受了。

说到这里,我们明白了,商家推出新产品却少有人问津,并不一定就是失败之举,这本身可能就是一种策略。消费者在商家的"圈套"下不断地中招,最终买了商家希望购买的产品。如果说,顾客购买了商品,是符合自己需求的那还好说,问题是,现实中有很多顾客都是买到了自己根本不需要的东西,这又是怎么回事呢?

## 人为什么会买自己不需要的东西

有一对夫妇要去超市里买一套羽绒被,他们知道超市里有三种款式可供选择:普通双人被、豪华双人被和超大号的豪华双人被。因为就两个人住,他们打算买豪华双人被,这种款式的被子无论尺寸还是厚度对他们两人而言都是最合适的。

到了超市,他们意外地发现这个星期超市正在做羽绒被的促销活动,他们计划要买的那种羽绒被价格统一为300元,而不再区分普通、豪华还是超大号的豪华三个级别。这可是一笔不小的折扣,询问店员后得知,这三种款式的羽绒被的原价分别是400、500和600元。

这对夫妇本来是打算买豪华双人被的,不论是尺寸还是厚度,这种被子都是最合适他们两个人用的。但一看有这样的促销活动就不由改变了主

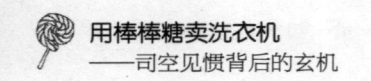

意。他觉得买豪华双人被似乎不够赚,既然价格一样,何不买原价最贵的超大号的豪华双人被呢?这样一来,就相当于得到了300元的折扣,而不是200元的折扣。于是,当下做出决定,将超大号的豪华双人被买回家。

可是这对夫妇很快就发现问题来了,超大号的豪华双人被对他们来说显然是太大了,被子的边缘总是会耷拉在床脚,更糟糕的是,每天早上醒来,这超大的被子都会拖到地上,为此他们不得不经常换洗被套。过了几个月,他们非常后悔当初的选择。不知道你有没有过这样的经历,为自己买了不合适的东西而苦恼呢?

实际上,我们在购买一样东西时,应该衡量的是该物品给我们带来的效用和它的价格哪个更大,也就是通常所说的性价比,然后看是不是值得购买。既然从实用性来讲,三种被子中,给我们带来满足程度最高的是豪华双人被,而且它们的价格也没有什么区别,我们当然应该购买豪华双人被。可是在我们做购买决策的时候,我们还在盘算另外一项——交易带来的效用。所谓交易效用,就是商品的参考价格和商品的实际价格之间的差额的效用。

购买决策占据了我们日常生活决策的很大比重。通常,我们总认为自己在判断是否购买某件物品时衡量的是该物品对自己的效用,也就是说这样东西有没有用。可是仔细想一想,你买的东西都是真的有用的吗?你会买没用的东西吗?在我们的日常生活中,很多的消费决策总是受到一些无关的参考值的影响。就像买被子,现实中我们总不可避免地会去拿现在的价格与原来的价格比较,并从它们的差额中得到满足,即获得交易效用,然后选择那条比原价便宜得最多的被子,为自己得到一个合算的交易而沾沾自喜。但是事实上,被子的原价是完全不应该影响你的购买决策的,因为对你而言,被子的原价不仅是无关参考价,而且是不可得的参考价。你需要关心的只是物品本身可以带给你的实际效用和它现在的价格。

看到这里,你也可以想想自己在平时买东西的时候,是不是也经常因为抵不住大减价的诱惑而去购买自己并不想要的商品呢?打开衣柜,里面是不是有不少衣服是你因为经不起商场打折促销的诱惑而购买的,而现在

又是被你闲置一边高高挂起的？认识到交易效用后，你应该明白，当初刺激你购买的也许并不是物品本身，而是这个折扣，也就是"贪便宜心理"在幕后操纵着你的行为。

在回答为什么会买自己不需要的东西这个问题时，我们发现一时冲动，或者是缺少价格对比，缺少功能对比，甚至是因为服务员的态度实在是太好了，觉得不买下对方推荐的商品都不好意思走人，纵使你并不喜欢这样东西，都可能产生购买行为。但总的来说，主要还是价格上的吸引力让一个人去买不需要的东西。正是由于对价格的敏感，才会"贪便宜"买了不需要的东西；当然，我们并不是说，对价格敏感有什么错，就有一些人对价格缺乏敏感，而买了不划算的商品，最终后悔不迭。

你对价格敏感吗？日常生活中又有哪些场合藏着和价格有关的玄机呢？我们在下一章进行详解。

# 第二章
## 你对价格敏感吗

我们经常见到这样的假设性提问：假如你买彩票中了 500 万，你打算怎么花？对这种问题的回答可谓是五花八门，但是所有的回答都指向一个方向，那就是如何用这些钱来做相应的事。现实中，人们也总是在算计着如何用手里的钱来做各种需要花钱的事情。具体把钱花在哪里，花多少的问题，反映的是不同人对钱的敏感程序的不同、对价格的敏感程度的差异。

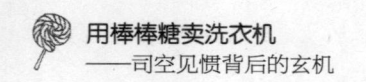

用棒棒糖卖洗衣机
——司空见惯背后的玄机

## 机票打折，火车票却不打折

我的一位朋友准备回家，托我为他查询一下火车票信息，在某网站查询到列车信息后，正在浏览的时候，猛然间，我被网页上部的一行广告文字吸引住了：购买比火车票还便宜的飞机票！于是点击过去，按图索骥地最终到达了某航空公司的购票页面，征询了朋友的意见后，最终真的是帮他买下了一张折扣机票，价格只相当于普通火车的卧铺价格。

相信很多选择飞机出行的人都有过购买打折机票的经历，只是具体折扣大小不同罢了。在一些情况下，机票的折扣可谓低得出奇，甚至会出现"一折机票"、"百元机票"，其中以2008年底的机票打折情况最为典型。

据国家旅游局的统计数据显示，2008年前九个月，我国入境旅游市场同比首次出现下滑。在寒意渐浓的市场氛围中，降价成了大家首先想到并付诸实施的一步棋。从10月底开始，航空公司率先拉开了大规模降价的大幕，从上海飞往云南、海南、北京等国内热门旅游地的机票纷纷推出最低至1折甚至0.8折的超低折扣，一时间，"百元机票"成了网上的热门名词和抢手货；国际机票在这波降价大潮中也毫不示弱，各个航空公司纷纷抛出诱人的低价票，比如上海至伦敦往返3170元特价票，上海至洛杉矶、旧金山往返5300元的特价票，上海至芝加哥、费城、波士顿、纽约、华盛顿往返价5580元的特价机票等等。此外，还有不少航空公司通过采取下调税费的方式进行促销。

其实，不只是在金融海啸的寒意中机票会打折，几乎在任何时候都能从网上搜罗到打折机票的信息，出现这样的情况符合情理吗？答案是肯定的，因为机票打折的目的只有一个，那就是增加上座率，下面我们就分析一

下航空公司这么做的原因。

　　乘坐飞机，偶尔看到这样的情况：一架飞机只有几个乘客，可是还是照常飞。航空公司肯定是亏损的，但是因为飞机是租来的，如果不飞，公司自然不必再支付可变成本，如燃油费和机上的服务费用，甚至机组的工资等，但是必须支付租赁费这个固定成本。如果折扣机票的价格高于乘客所需要支付的平均可变成本，那么，航空公司可以在支付燃油费、服务费以外，还有剩余，这个剩余就可以弥补一部分租赁费，航空公司的亏损就减少了。所以，尽管亏损，航空公司也勉力支撑着。当然，这是一种"短期"行为，短期也就是有一部分生产投入的规模来不及调整的时期，比如飞机的租赁期。

　　当然，多数情况下，买到折扣机票的人，会发现飞机的上座率还是比较高的，但是心里应该清楚的是，如果不销售打折机票，飞机可能就没有这么高的上座率，因为那些只有机票打到足够折扣才选择飞机出行的人，正是由于你的折扣吸引才选择乘坐飞机。航空公司当然懂得这个道理，所以，会销售一些原价机票，会销售一些折扣不多的机票，同时也会以较低的折扣销售一些机票，以实现较高的上座率，实现利润的最大化。因为不卖折扣机票，或者是不卖低折扣机票的话，这些座位也是浪费掉的。

　　与机票打折形成鲜明对比的，就是火车票"雷打不动"，极少出现打折的情况，这又是为什么呢？其实，这也很好解释，因为乘坐火车出行的人数总是能够保持相当的规模，尤其是我国铁路建设还处于"供不应求"的阶段，也就是说火车票的供应是一个卖方市场，消费者没有太大的选择余地，所以从上座率的角度、竞争的角度来看，火车票就没有打折的必要了。另外，火车票的打折空间也非常有限，火车票价格较低，而铁路建设和维护成本都比较高，所以相对而言，火车票的价格已经算是很"实惠"的了，所以就极少出现打折的情况。

　　之所以说是"极少"，是因为火车票也确实存在打折的情况，有个别线路在淡季的时候，就会八折出售火车票。另外，随着我国高铁的建设，动车组的运力优势逐渐体现出来，也由于其与航运之间存在一定的竞争关系，火车票的打折情况应该会逐渐变得普遍起来，甚至在不久的将来，火车票

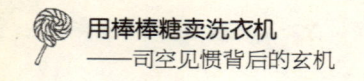

打折也能成为一种常态。

## 预约打折，直接上门却不打折

　　我们在上一节中谈到，很多人都购买到了打折机票，甚至是以非常低的折扣拿到手的。但是，也有一些人虽然经常乘坐飞机出行，却总是以较高的价格购买机票，尤其是临时决定出行，到达机场之后才现场购票，更是只能"享受"全价的待遇。

　　我们不禁会问，既然是经常出行，理所应当得到航空公司的更多优惠和照顾，为什么反而会花更多的钱呢？他们为什么没有想到购买折扣机票，安排自己的空中之旅呢？这是由于这种到达机场才买票，或者是出行前不久，甚至就是出行当天才订购机票的人，通常都是商务人士，他们对价格本身并不敏感，花更多的钱在他们看来觉得没有什么大不了。更主要的是，折扣机票可能是在早晨或是晚上起飞，不方便安排出行，并且通常都有较多的条件限制，尤其是3折以下的机票，大多数更是规定了不准退票、不准改签。对于"瞬息万变"的商务人士来说，这样的限制无异于"困兽于笼"，当然就不会去选择这种折扣机票了。

　　预约打折，直接上门却不打折的情况不只出现在机票问题上，体现得更为明显的是酒店客房。小李要参加一场重要的考试，但是苦于家离考场较远，于是在考试前一天上网搜索考场附近的便宜酒店客房，在有了满意的结果之后，小李当下出发，准备当天过去就在酒店住下，好好休息养足精神来攻克明天的考试。让小李始料不及的是，他在到达了考场附近某酒店大厅后，服务小姐告诉他的房价数字让人一惊，明明网上看到的128元报价的房间，竟然是要288元。小李黯然退出酒店大厅，马上给朋友打电话，

## 第二章 你对价格敏感吗

叽里咕噜一通说清楚了事情经过,朋友也不闲着,马上上网查看,发现网上还是写着128元的价格,但是写明了是预定价,于是朋友"自作主张"为小李网上进行了预定,然后电话通知小李,一切都已搞定,让小李重返酒店,只需说是已经网订,再报上自己的大名即可。小李半信半疑,照朋友叮嘱"一一如实交代",果然,他只花了128元,就住进了刚才还需要288元的酒店客房。

酒店之所以这样做,可以说是与航空公司的做法如出一辙。与机票、酒店客房的这种做法正好相反,剧院演出门票的情况则是预约不打折,临近开场时购买却可能享受不错的折扣优惠。

飞机上有空座、酒店有空客房与剧院的空座一样,都意味着收入上的损失,航空公司、酒店和剧院都有着填满空位的强烈动机,与此同时,以折扣价填满一个座位,往往意味着失去其他人出全价购买同一个座位的机会成本。所以,航空公司、酒店和剧院要克服的难题是,尽量续满座位,又不至于在每座平均收入上做太大牺牲。

机票和酒店客房的情况我们已经进行了分析,下面我们来看一下剧院的情况为什么会与之不同。和航空业、酒店业一样,高收入者比低收入者对票价要麻木得多,但看戏剧的高收入者一般都不愿意在最后一刻才买票。事到临头才在售票口买半价票,观众要面对两道门槛。一是需要一两个小时的排队。高收入者大多不愿只为了省几个钱而这么做。第二点,也是更重要的一点,只有少数剧目(一般都不是受欢迎的热门剧目)有折扣票卖。高收入者时间的机会成本高,他们好不容易腾出一个晚上的宝贵时间看剧,当然只想看自己最想看的剧目。而对价格更敏感的低收入观众,这两道门槛都比较容易迈过。要是不能在售票窗口排队买半价票,他们说不定根本不会去看这场演出了。

航空公司、酒店、剧院都是采用了设置门槛的办法,只有买家跳过门槛才能获得享受折扣价的资格,这当然需要买家为此付出一些努力。有趣的是,折扣门槛在某些情形下只不过是需要掌握一定的信息,一旦掌握了这种信息,就能享受到较低的价格,又无需付出太大的努力,电子优惠券的存

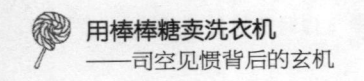

在就是一个例子。

## 优惠券发给了"不需要的人"

经常去肯德基、必胜客等地方用餐的年轻人可能再熟悉不过电子优惠券了,在去这些地方用餐之前,先到它们的官方网站上去浏览一番,看看有什么可用的电子优惠券没有,选择自己中意的优惠券之后,直接选择打印,然后就能享受到不小的折扣。甚至因此都冒出来许多专门的网站和论坛,专门通过收集、分享电子优惠券的方式来获得人气。

其实,不只是餐厅,现代都市里的大多数娱乐、休闲场所都提供优惠券,有电子的,也有现场发放的纸质印刷优惠券。问题是,既然总是发放优惠券,为什么不直接对所有人打折呢?答案很简单,因为有的人愿意以原价来进行消费,当然就没必要给这部分顾客折扣的优惠了。相反,那些可能"不需要"进行消费的顾客,因为有了优惠券以后,就可能为了享受优惠,或者是觉得优惠之后的价格可以接受,终于来到店里进行消费。

从这个意义上讲,优惠券总是发给了那些"不需要的人",这也就是为什么很多餐厅、娱乐休闲场所不在自家门口发放优惠券,而是在距离门店较远地方发放的原因,因为已经到了店门口的顾客不需要进行争取也会原价消费,而那些"远处"的人,优惠券对他们有着巨大的吸引力。

发放优惠券这种行为,以及我们前面多次谈到的降价打折,其实说到底都是一种价格歧视,即商家通过把同样一种商品或服务以不同的价格出售给顾客,从而获得最大化的收益。为了将收益最大化,商家可谓是绞尽了脑汁,所幸他们也是收获颇丰。如果说,降价打折,或者是发放优惠券,是让一部分顾客以原价消费,而让一些"囊中羞涩"的顾客以较低的价格消费,

还有情可原的话；那么，让普通顾客以原价或平价消费，而让那些"不差钱"的主儿出更高的价格来买产品和服务，则是商家更为大胆的举动。

真的有这样的事情发生吗？答案是肯定的，著名的亚马逊网站就给顾客发放过"涨价券"。

## 亚马逊的涨价券

商家不仅仅向穷人发过减价券，也的确向富人们发过涨价券，这看似不可思议的事的确发生过。

1994年，当时在华尔街管理着一家对冲基金的杰夫·贝佐斯在西雅图创建了亚马逊网上书店，到2000年，亚马逊已经成为互联网上最大的图书、唱片和影视碟片的零售商。但亚马逊竟然开始在他们的注册用户身上打起了主意，因为对亚马逊而言，关键是如何挖掘它拥有的2300万注册用户的更多的财富，于是，2000年9月中旬亚马逊开始了著名的差别定价实验。

具体操作是通过cookie文件完成的，每位客户的购买记录都被追踪分析，以此来调整对不同的人不同的价格。这样做的结果竟然让两位读者买同样的书，价格却不相同，依据就是他们之前的购买倾向。

比如，某一张碟片对新客户索取较低的价格，而对老客户索取较高的价格，这样亚马逊很快提高了毛利率。

然而好景不长，这样的"涨价券"发出去还不到一个月，就有细心的消费者发现了这个秘密，他们在名为"DVD Talk"的音乐爱好者社区交流购买价格，结果很快，成百上千的DVD消费者知道了此事，那些付出高价的顾客当然怨声载道，纷纷在网上以激烈的言辞对亚马逊的做法进行口诛笔

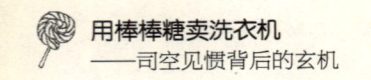

伐，有人甚至公开表示以后绝不会在亚马逊购买任何东西。

更糟糕的是，亚马逊刚公布它对消费者在网站上的购物习惯和行为进行了跟踪和记录，这无疑是火上浇油，消费者和媒体开始怀疑亚马逊是否侵犯了客户的隐私权。

亚马逊颜面尽失，为挽回不利影响，首席执行官贝佐斯只好亲自出马做危机公关，指出亚马逊的价格调整是随机进行的，与消费者是谁没有关系，并且保证以后不会有类似事件发生。

亚马逊真的信守承诺了吗？这是值得商榷的。有一位亚马逊的忠实顾客写道：我准备买几本介绍葡萄酒的书，一直以来都在亚马逊网站上进行检索和了解情况，有一天刚好要出门去书店，于是就把搜索出来的页面进行了打印，到书店后对照着这些书名去找实体书，结果找到了几本，其中的两本相当不错，并且有了购买的打算。但这两本书的价格不菲，于是决定在下个月发了工资以后再出手，在这期间，我时常到亚马逊网站上去查看这两本书的介绍页面，每每看到书的介绍都一阵激动，只盼着发工资的日子快些到来。然而，最终的结果却令人失望，因为就在发了工资的当天，我再次打开亚马逊网站，点到这两本书的页面时，正在我准备点击"购买"按钮的时候，猛然发现它的价格提高了许多。一开始还怀疑是不是自己记错了，但拿出来我之前打印的页面，发现我要买的这两本书确实都提价不少，更让人气愤的是，除了这两本书，其他介绍葡萄酒的书的价格根本没有任何变动。所以，我敢保证是因为我这些天多浏览了几次这两本书的介绍，亚马逊就通过后台的记录，提高了它们的价格。对此，我很失望。

看了上面这位顾客的"倾述"，你也许明白过来，涨价券在今天依然存在，只是变化了花样罢了，而不再是先前那样"愚蠢地"在同一时间给顾客不同的报价，而是"聪明地"根据顾客的关注程度，来决定是否涨价。

无论是上面提到的降价打折，还是亚马逊发放涨价券，都是价格歧视的体现，那么，价格歧视到底是怎么回事？它对社会有没有好处？它发挥作用的条件都有哪些？是不是有降价或涨价的情况发生就表示存在价格歧视？我们在接下来的两节来回答这些问题。

## 价格歧视

价格歧视实质上是一种价格差异，通常指商品或服务的提供者在向不同的接受者提供相同等级、相同质量的商品或服务时，在接受者之间实行不同的销售价格或收费标准。

在完全竞争市场上，所有的购买者都对同质产品支付相同的价格。如果所有消费者都具有充分的知识，那么每一固定质量单位的产品之间的价格差别就不存在了。因为任何试图比现有市场价格要价更高的产品销售者都将发现，没有人会向他们购买产品。然而，在卖主为垄断者或寡头的市场中，价格歧视则是很常见的。

研究表明，一旦产品的卖方形成了垄断，就非常容易形成价格歧视。价格歧视通常有三种形式：一级价格歧视、二级价格歧视和三级价格歧视。

当卖方垄断势力比较强大且信息也比较灵通的情况下，卖方可以对每一单位商品都收取买方愿意支付的最高价格，将消费者剩余全部收归己有。假设某地区只有一个牙医，并且他清楚每一个患者愿意付的最高价格，他将对每一个患者收取不同的价格，使他们刚好愿意治疗，这样患者们的全部消费者剩余都转移到了牙医那里。这种情况是一级价格歧视。

一个垄断的卖方还可以根据买方购买量的不同，收取不同的价格。比如，电信公司根据客户每月上网时间的不同，收取不同的价格，对于使用量小的客户，收取较高的价格；对于使用量大的客户，收取较低的价格。垄断卖方通过这种方式把买方的一部分消费者剩余据为己有。这是二级价格歧视。

三级价格歧视则是指垄断卖方对不同类型的买方收取不同的价格，买方的需求价格弹性越大，卖方收取的价格就越低；买方的需求价格弹性越小，卖方收取的价格就越高。通过这种方法，垄断卖方就从需求价格弹性小的买方那里榨取更多消费者剩余。比如，有的旅游景点对外地游客和本地游客实行价格歧视，对外地游客收取较高的价格，对本地游客收取较低的价格。

有趣的是，价格歧视可能是有好处的，这不仅仅是对商家而言的，对整个社会来说，价格歧视会提高社会效率。显然，价格歧视使产品的卖方尽可能多地获益，因为通过价格歧视，原本属于产品买方的消费者剩余也被转移到了卖方那里。但是，按照经济学家的分析，价格歧视在经济上却是有效率的，也就是说，通过价格歧视，卖方获取的最大收益，等于社会福利最大化的值。如果垄断的卖方实行统一价格，虽然也能达到一个最大的收益，但却小于社会福利最大化的值，因而在经济上是无效率的。

价格要发挥作用，需要满足一定的条件，那就是商家能够对不同顾客的不同特征进行有效的区分和分割。这种不同可能是买者需求强度的不同，也可能是购买量的不同，或者是需求价格弹性的不同，关键是要对这种不同进行有效的区分和分割。比如，航空公司之间经常发生价格大战，优惠价常常能打极低的折扣。然而，即使是价格大战，航空公司也不愿意让出公差的旅客从价格大战中得到便宜。但是，当旅客去买飞机票的时候，他脸上并没有贴着是出公差还

是私人旅行的标记，那么航空公司如何区分乘客和分割市场呢？

原来，购买优惠票总是有一些条件，如规定要在两星期以前订票，又规定必须在目的地度过一个甚至两个周末等。老板派你出公差，往往都比较急，很少有在两个星期以前就计划好了的国内旅行。这就避免了一部分出公差的旅客取得优惠机票。最厉害的是一定要在目的地度过周末的条件。老板派你出公差，当然要让你住较好的旅馆，还要付给你出差补助。度过一个周末，至少多住两天，两个周末更不得了。这笔开支肯定比享受优惠票价所能节省下来的钱多得多，更何况，度完周末才回来，你在公司上班的日子又少了好几天，精明的老板才不会为了那点眼前的优惠而贪小便宜吃大亏。就这样，在条件面前人人平等，这些优惠条件就把出公差者排除得八九不离十了。

这样，航空公司既挖掘出了潜在的需求，又排除了从歧视者角度而言不应该享受此种优惠的人。由此看来，航空公司实行价格歧视获得圆满成功。

## 公交车便宜的真实原因

是不是所有的降价打折或是涨价都是价格歧视的体现呢？答案是否定的，这是因为对于一些公益性的事业来说，订立一个较低的价格是出于公益的考虑，是为了让更多的人受惠，而不是出于扩大收益的考虑。在这方面，最有典型代表意义的就是城市里的低价公交车了。

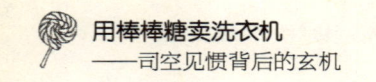

随着我国城市化的推进，许多城市人口快速增长，尤其是特大城市的交通压力非常巨大，因此，要解决交通问题，出路便在于大力发展公共交通，于是自然而然地实施低价的公交政策。以北京为例，公交车的价格与其他出行方式相比，显然是要低得多，尤其是使用公交卡刷卡乘车，更是能够在本来就不高的定价基础上，享受4折优惠（学生群体更是能享受2折优惠），乘车成本非常之低。

便宜的公交车价格，是不是对开车人进行价格歧视呢？当然不是，因为价格歧视的前提是将同样的产品或服务以不同的价格出售给买家，公交车并不会对某个平时自己开车出行的人讨要高价，只是在他选择不乘坐公交车，而是选择自己开车的时候，才不为其提供相关的服务。

公交车这么便宜，会不会亏钱呢？这个问题也是一些人担心的，其实大可不必为此操心，还是以北京的公交车为例，每年北京市政府都为公交车提供100多亿元人民币的财政补贴，也就说是，政府通过征税的办法，从纳税人这里收缴到税费，再通过财政补贴的方式来让全体北京居民受惠。

## 看不懂的出租车计费方式

虽然很多城市都大力发展公共交通，但还是有很多人不愿意选择公共交通出行，这是由于公共交通工具不够舒适，并且需要在相对固定的站点上下车。人们除了选择自己开车外，还有一种选择就是乘坐出租车。

如果你经常乘坐出租车，就会发现出租车的计费方式很有意思，出租车既有起步价，又有在超过起步公里数后的收费标准，并且不同的公里数其收费标准也不同，当然夜间的价格也要比白天贵了不少。举个例子来说，某城市出租车收费标准如下：

白天起价 10 元／3 公里，之后每公里 2 元，堵车时间每 5 分钟按 2 元收费，超过 15 公里以后，按每公里 3 元收费。夜间 23:00～次日早 5:00 则加收 20% 夜间运营费，即起价 12 元／3 公里，之后每公里 2.4 元，如果路程超过 15 公里加收 50%，即每公里 3.6 元。

全国各地的出租车都采取类似的计费方式，只是具体数额有所区别罢了。其实，不只是国内，其他国家的出租车也是这么计费的。我们不禁会疑惑，为什么出租车不采取一种看似更简单直观的计费方式，取消起步价，直接收取较高的里程费和候时费呢？

由于出租车使用电子里程表来计费，以现有的收费方式和只计算里程数的收费方式比较起来，两种收费方式在难易程度上并没有什么区别。之所以会采用如今的收费方式，合理的解释是：它比仅按里程数收费更有效。

要维护经营，出租车所有者必须计算所有的成本。一部分成本大致和行驶里程数成等比关系（如燃料、保养、车辆折旧等费用），可还有一部分成本并非如此，如投资出租车的机会成本、保险支出，还有在要求出租车购买营运执照的城市，执照的价格也是一笔不小的成本。

按理说，最有效的出租车收费结构，应该是让消费者根据由于自己用车而给司机带来的额外成本付费。如果出租车光靠行驶里程的收费方式来涵盖其所有成本，那每公里的里程费恐怕就会多出不少。这会打消很多行程较远的消费者乘坐出租车的念头——即便为这些消费者提供服务的实际额外成本可能低于他们所愿意支付的价钱。

如果按照起步价和里程价这两部分来收费，显然，在收费结构中既有固定部分，又有可变动部分，这样就会在很大程度上接近出租车的实际成本。这种收费结构降低了出租车的里程费，乘客无须为较远的行程支付高于实际成本的价格。这样一来，只要乘客搭乘出租车行驶较长里程所获得的收益大于自己支付的费用，他们必然愿意这么做。

如果说，出租车根据乘客乘坐里程的远近和时间来区别收费，还容易理解一些的话，那么为什么会出现出租车司机拒绝打表，而是采取商量价格的方式来收费呢？尤其是在过农历新年的时候，绝大多数城市的出租车

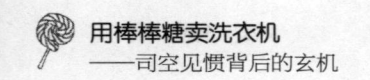

价格都会涨价，这又如何解释呢？比出租车涨价更为恼人的火车票问题，更是因为一票难求，而让过年回家的计划落空，"黄牛党"冒着违法的风险，囤票后再高价卖出，这些情况存在的前提是什么呢？要回答这个问题，就涉及到经济学中的稀缺性问题。

## 稀缺性

稀缺性是相对于人类社会的无穷欲望而言，经济物品，或者说生产这些物品所需要的资源总是不足的。这种资源的相对有限性就是稀缺性。稀缺，并不是绝对的数量多少，而是指相对于人们无限多样、不断上升的需求来说，再多的资源也是稀缺的，这也就是稀缺的相对性。稀缺还具有绝对性的特点，即稀缺是指它存在于人类历史的各个时期和一切社会，稀缺性是人类社会永恒的问题，只要有人类社会，就会有稀缺性。

稀缺性有两方面的含义，一个是稀有的，另一个是紧缺的。首先，稀缺资源代表着有一定的需求性和稀有性。所谓"稀缺性资源"，就是少而珍贵的资源，物以稀为贵，所以有用的东西其价值一定不菲，但一些艺术界中值得珍藏的东西，它的使用价值很高吗？不一定，但它的历史纪念意义必定非凡。所以一些实用性不高的东西要想成为"稀缺"资源，首先数量少是一个条件，第二个条件是要有人欣赏，这也是很重要的一个指标。想当年的和氏璧，刚出土时并没有人欣赏，而后成了玉玺却是稀世奇珍，就是这个道理。

可以毫不夸张地说，稀缺性的存在是影响人类一切活

动的根源,当然也是人类会对价格产生敏感的原因,因为如果世界是一个不稀缺的世界,人类就不需要绞尽脑汁地想办法来进行选择,想办法进行分配,甚至是想办法进行生产。如果世界不稀缺资源,也许经济学就没有诞生的机会。说到底,经济学本身就是稀缺的经济学。

经济学研究的内容就是一个社会如何利用稀缺的资源生产有价值的物品和劳务,并将它们在不同的人中间进行分配。经济学主要进行三点考虑:资源的稀缺性是经济学分析的前提;选择行为是经济学分析的对象;资源的有效配置是经济学分析的中心目标。稀缺是经济物品的显著特征之一。经济物品的稀缺并不意味着它是稀少的,而是指它不可以免费得到。要得到这样一种物品,必须自己生产或用其他经济品来加以交换。

与"稀缺"相对应的是"充裕"、"丰饶"、"富足",由此而衍生出"充裕经济学"、"丰饶经济学"或是"富足经济学"的概念,它是美国《连线》主编克里斯·安德森(《长尾理论》、《免费》作者)经常挂在嘴边的词汇,与"稀缺经济学"正好相反,它是指在互联网上当我们能够通过一个成本几乎不计的工具来创造资源时,这无以数计的生产者们的劳动成果——数字"物资"造就了一个"富足经济"。

综上所述,经济学成了一门"稀缺经济学"与"丰饶经济学"交叉的学科,日常生活中因此也会看到既体现"稀缺"又体现"富足"的复杂现象,我们来看一个具体的例子。

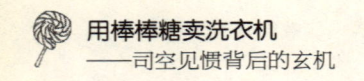

## 畅销书特价，热门电影却会涨价

打开当当网的年度图书销售榜单，你会发现，那些排在前几名的图书都打出了一个相当诱人的折扣，这就是我们已经习以为常的畅销书通常都会特价的情况。与这些畅销书不同的是，那些比较冷门的图书，却并没有想过要用低价来吸引顾客，大多数都保持着"高高在上"的姿态，甚至有个别图书竟然是原价出售，这在普遍存在较大折扣的网上图书中间显得分外刺眼。其实，何止是原价销售，有些根本没正式成为图书的文稿，更是以"天价"在售。笔者认识的一位长辈，由于写文章的需要，搜索到一册博士论文后托我进行付费下载，不到 200 页的内容花费了将近百元，这比通常的图书价格要高出太多了。

与图书情况相似的是 CD、DVD 等这些音像制品，一些热门的音乐和电影制品，都能以一个比较实惠的折扣购买得到，而那些冷门和小众的音像制品则可能需要花费更高的价。

与图书、音像制品情况不同的则是电影票的价格。虽说特定电影院在特定时间上映的所有电影，定价基本上都差不多，但和其他电影相比，院方尤其不愿意给热门电影提供折扣券，甚至可能会出现涨价的情况。2010 年 3D 电影《阿凡达》上映后，观众观影热情高涨，尤其是 IMAX 版本的 3D 电影版本，由于可以放映这种电影的影院非常有限，就出现了很多新潮一族为了看一场电影竟然愿意搭上来回的机票钱和大把时间，个别影院还趁势提高票价，纵使这样，依然一票难求，黄牛票被炒到了难以想象的高度。

为什么只有电影院可以利用消费者愿意为更流行的产品多付钱的心态，而卖书和卖 CD 的却不可以这样做呢？

## 第二章 你对价格敏感吗

每一本书、每一部电影、每一张 CD，都是独一无二的。由于竞争卖家不能提供这些产品的完美替代品，市场竞争并不充分。即便如此，在非完全竞争的市场中，一般的情况仍然是，买家最重视的产品和服务，售价也较高。如前所述，电影票的销售模式与此相符。

那为什么书籍和 CD 背离了上述模式？首先，可以从这些产品的销售者所面临的成本条件与影院经营者截然不同说起。对电影院来说，决定票价的稀缺资源，不是电影本身，而是座位。一旦电影院的座位坐满了，给再多的钱，都无法为额外的顾客提供服务。所以，影院所有者很有理由不给满座的电影打折。反过来说，书籍和唱片卖家给热门产品打折，并不会赶跑顾客。大多数时候，他们可以预见到哪些产品最热门，并提前准备好充足的库存，确保供应。由于这些产品流通速度很快，在货架上保存每一副本的成本是相当低的。而不热门的书籍和 CD，可能一两个月才卖出去一套，同样的货架空间带来的收入较少，所以库存成本更高。

事实上，所有的零售商都会库存最畅销的书籍和 CD（因为他们知道到时候市场需求量会很大），但不同的商店库存的非畅销书籍和 CD 却各不相同。这也就意味着，对于最畅销的书籍和 CD，零售商要面临的竞争压力更大。要是顾客对出售热门图书和 CD 专辑的商店价格不满意，他可以去任何其他商店购买。但对于小众的作品来说，则没有那么多的选择，前面提到的高价付费下载博士论文就是例子。对于想要得到某张冷门专辑的顾客来说，除了按供方的标价付钱，似乎没有其他的办法可想了。

最成功的书店和音像店会向顾客推荐不太流行但很有希望流行的新专辑。如若没有这种推荐，顾客或许根本不会注意到这些作品。因此，越是非畅销的专辑，越需要见识渊博的店员进行推荐。这部分人力成本，自然要由非畅销专辑来承担。畅销作品折扣大，一部分原因在于它们的贩卖成本更低。

说到这里，我们就发现，一样产品或服务，具体是会特价还是涨价，还是与我们前面提到的稀缺性相关的。即畅销书和畅销音像制品并不会因为它的畅销，而使得供应有限，达到稀缺的程度，反而它一般会处于一个"富

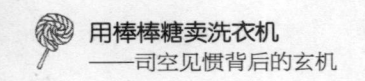

足"的状态，因此就会特价。而热门电影则由于院线的限制，属于"稀缺"产品，因此会涨价。尤其是我们提到的《阿凡达》这部电影，它是和IMAX这个概念联系在了一起，目前IMAX版本的电影是稀缺的，所以就会涨价。可以预见的是，在IMAX普及了以后，就再也不会出现因为这个概念而导致的涨价了。

除了用"稀缺性"来进行解释，热门电影涨价的原因，还可以用边际效用来解释。

## 钻石很贵，水却很便宜

在经济学上，把物品对人的主观上的有用叫做"效用"。我们愿意为一件商品出价多少，取决于这个效用，也就是主观上的有用程度，而不是客观的有用程度。一件东西如果完全没有效用，我们就不会买它，可是，是不是效用越大的东西，我们愿意付的价格就越高呢？不是的！

比如，畅销的图书因为提供了受欢迎的知识，应该有着较大的效用；热门电影至多会和畅销图书一样提供一些让人受益的东西，但它的效用并不会比畅销图书提供的效用更大。但是人们为热门电影付出的价格远远高于畅销图书的价格，尤其是畅销书特价，而热门电影却会涨价的现实，让我们明白效用的大小并不是决定人们愿意付出价格多少的标杆。在这方面，现实生活中有一个更为容易理解的情况，那就是钻石很贵，水却很便宜。

钻石几乎没有任何用处，也就是效用很小，但是它价格极高，普通人根本买不起；而水的效用很大，可是价格却很小，很长时期内几乎是免费取用，即使收费也处于一个很低的价位，每个人都消费得起。这就是1776年亚当·斯密提出的著名的"水和钻石价值之谜"。经济学家用了100多年时

## 第二章 你对价格敏感吗

间来探索这个问题,直到19世纪70年代才获得圆满解决。英国经济学家斯坦利·杰文斯、法国经济学家列昂·瓦尔拉斯和奥地利经济学家门格尔,在19世纪70年代分别独立提出了类似的理论,解决了这个问题,这个理论就是著名的"边际效用理论"。

边际效用是和总效用相对的一个概念,总效用是消费一种商品主观上所获得的总的满足感,而边际效用是每新增加的一单位商品所增加的效用。

上述三位经济学家的理论说,一件商品的价值,不是由它的总效用决定的,而是由其边际效用决定的。当然,无论如何,跟客观的那些因素,诸如劳动之类的没有关系。

总效用的规律是,开始的时候,随着消费某种东西的数量的增加,效用会不断增加,可是,增加到一定程度就不再增加了,然后就是随着消费的增加而减少。比如吃饭,开始的时候,吃得越多越满足,但是吃到一个最佳状态之后,再吃就不舒服了,总效用就会下降,当然我们一般不会吃到这个程度。

总效用先增加后下降,是由边际效用造成的。边际效用变化的特征是递减,也就是后一单位的效用,没有前一单位的效用大。

为什么边际效用会递减呢?因为我们的主观感受,来自于我们脑细胞中的神经元对外界刺激的应激反应。一个力度相等的外界刺激,随着刺激次数的增加,神经元对其所作的反应会越来越弱。好比你住在嘈杂的公路旁边,开始的时候,汽车的噪音令你辗转难眠,但是,经过一段时间后,你对这种噪声就根本没感觉了,它不再影响你的睡眠了。

认可了这一点,就可以解释水和钻石的价值之谜了。

一件东西,一般都有多种用途,经济学家认为,理性的人们在拥有一件东西的多个单位后,可以按照用途的重要性,对这些东西进行从大到小的排序。一个人获得水比较容易,并且也容易获得比较大的数量,我们可以假设你获得了10000个单位的水,你会把第一单位的水用来自己喝,第二单位用来做饭,你认为,做饭的重要性不如喝,第三单位用来洗澡,洗澡的重

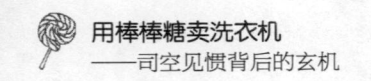

要性不如做饭,然后继续排下去。最后一单位的水,你想了半天,也没有想起还有什么可以安排的,你就把这最后一单位的水抛洒出去了,被抛洒出去的水,其效用接近于零。

钻石与水不同,它的数量很少,并且你也不容易得到,你不可能一下子就获得10000个单位的钻石,你可能根本就无法获得钻石,纵使获得也可能只得到一个单位的钻石。在有了第一单位的钻石时,你当然是会把它戴在身上炫耀,钻石是奢侈品,不是为了实用,而是为了虚荣。

根据边际效用递减的原理,排在前面的效用大,后面的效用小。水可以满足我们非常靠后的包括最小的欲望,于是,它的边际效用很小,甚或没有(等于零)。而钻石只满足了我们一个欲望,只排了一个,其边际效用当然很大。因为边际效用决定价值,所以,钻石贵而水便宜。

人们对钻石的追捧还反映出一个现象,即人们会人为地为一些东西赋予意义,并且在实践活动中追求这种自我创造的特殊用处。有趣的是,不只是钻石这样的稀有品才有这样的"命运",凡常的东西也正在被人们赋予意义。

## 空气无限多,却有收费氧吧

我们常说,这世界没有免费的东西,除了空气。这是由于虽然人活着一刻都离不开空气,它的总效用很大,但是它的边际效用却极小,几乎等于零。可是,现在这种观念恐怕需要改变一下了,因为空气被人为地赋予了特殊的意义,"空气是免费的"已经不再是恒久正确的命题。

人类可以几星期不吃东西或几天不喝水,但只要几分钟没有氧气,就没法活命。因工业化影响,我们现在吸入的空气只有21%是氧气,剩下的

79%是其他气体和杂质。在空气严重受污染的城市，氧气含量甚至跌至15%。在癌症研究方面因有杰出贡献,而获颁诺贝尔奖的瓦尔堡医生曾经发出一个强烈的讯息:癌细胞在一个高氧环境中无法生长。著名分子生物学家莱文也说:"缺氧是造成许多疾病的主因之一。"

基于人们对洁净空气和较高浓度氧气环境的需求，收费氧吧悄然兴起。"氧吧"一说起源于日本,吸氧的风气也是日本人掀起的,传到美国后蔚为风尚,成为最时髦和流行的玩意儿,许多好莱坞明星都公开表示自己是氧吧的拥护者,于2009年去世的天王巨星迈克尔·杰克逊对此更是非常着迷,他个人拥有一个氧气箱,喜欢整个人躲到箱里吸个过瘾。

如果你漫步在一个大城市的街头,可能就会突然发现一间专门经营氧气的收费氧吧,当然,更多情况下,你会发现氧吧是附设在酒吧或是美容院里。这样的酒吧里除了售卖一般的酒和饮料之外,特别添置一台供人消费的氧吧机器,为了让消费者对吸氧经验更难忘,甚至还为氧气加上了各种"口味",居然有17种之多。美容院则是利用制氧机为顾客美容,居然也取得了不错的效果。

这里要做出提醒的是,缺氧对人身体健康不利,但长时间处于高氧环境同样会使人致病,尤其是在较高浓度的氧气环境中,人体更是会在极短时间内就发生病变,严重者可危及生命。收费氧吧的出现,固然有其合理的成分,但更多的是一种商业上的噱头,其象征意义更为明显,它给我们的提醒是要珍惜好的自然环境。

好的环境是可贵的,但也是最容易被破坏的,所以人们就会万分渴望环境的美好。人们的渴望可以导致行为的改善,最终渴望得以实现。不过,在现实中也有这样一种情况,就是人为地制造短缺,你越是渴望,却越不给你想要的结果,从而达到他自己的目的。

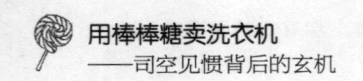

用棒棒糖卖洗衣机
——司空见惯背后的玄机

# 人为制造的短缺

20世纪40年代,一种新式影印机在美国全录公司诞生了。公司的创始人威尔逊获得生产该影印机的专利权。这种命名为"全录91型"第一批新式影印机出厂时,成本仅为2400美元,谁知威尔逊竟将售价定为29500美元,超出成本10倍以上。

公司里知情的员工们不禁倒吸了一口冷气,大家禁不住问威尔逊:"你是想做暴发户吗?"

"那当然!只要不是傻瓜,谁都想当暴发户呀!"

"我看你是想暴利想疯了。否则,请你想想,这样高的价格卖得出去吗?卖不出去的东西还有什么利润可言?"

"放心吧,我正常得很,我的脑袋比谁都清醒。"面对一连串的质问,威尔逊一概回以神秘的微笑。

"那……"

"请允许我打断你的话。听我说,我不仅知道这样高的价格可能会使影印机一台也卖不出去,而且我还知道,这个定价已经超出了现行法律允许的范围。等着瞧吧,我们的这项宝贝很可能被禁止出售。"

"那还得了!就算有跟你一样的疯子来买我们的宝贝,你又有什么法宝可以获得法律的许可呢?"

"什么法宝也没有。即使有,我也不用。我要的就是法律不允许出售,允许了也不卖。做到这两点,巨额的利润就能稳稳到手了。"

"什么?不准卖,而且卖不出去我们反倒能获得巨额利润!"

"是的,我本来就不准备出售影印机的机体,而是卖影印机的服务!从

服务中取得利润。"威尔逊胸有成竹地说。

不出威尔逊所料,这种新型影印机果然因定价过高被禁止出售。但是由于在展览期间已经向人们展示了它独特的性能,这使得消费者莫不渴望能使用这种奇特的机器。再加上威尔逊早已获得了生产专利权,"只此一家,别无分店"。所以当威尔逊把这种新型影印机以出租服务的形式重新推出时,顾客顿时蜂拥而来。

尽管租金不低,但受到之前过高售价的潜意识影响,顾客仍然认为值得。没过多久,威尔逊就赚取了巨额的利润。

正所谓"物以稀为贵",在人们的观念中,难以得到的东西总是比容易得到的东西要好。人们总是觉得越稀少、越新奇的东西,也越有价值。威尔逊正是抓住了人们的这一心理,从而获得了巨额的利润。

威尔逊采用商业策略,人为制造短缺的现象从而从中获利,这属于商业上的智慧,是值得我们称道的。但是,对于那些本来并不稀缺,或者是纵使稀缺,但本身对我们的生活幸福没有多少作用的东西,人为地制造短缺并不断炒高价格的行为,也就是制造我们再已经熟悉不过的"泡沫",却无法给人们带来什么好处,相反可能带来灾难。

## 从"郁金香"到"向日葵"

泡沫是一种自我加强型的繁荣和崩溃,每次泡沫的过程都非常相似:在狂热中上涨,紧接着似乎所有人都疯狂投入其中,直到发现荒谬,于是开始恐慌,最后噩耗此起彼伏……

最早的泡沫诞生在1600年的荷兰,当时的荷兰已经初步具备了金融中心的资质,在这个高度商业化的国家,股票、期货、信贷、期权等各种市场

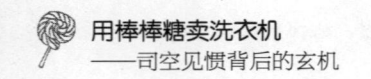

都已经形成,许多国家的贷款交易和股票交易都是以荷兰为中心。

没想到的是,能让无数人失去理智的东西就是荷兰盛产的郁金香。16世纪中期,游经土耳其的旅行家们被这种花的美丽所打动,并把它带回维也纳,然后辗转来到了荷兰。荷兰人创造性地开发出郁金香的很多新品种,那些球茎能够开出世界上独一无二、具有美丽图案的花朵。

荷兰的郁金香种植者们开始急切地巡视自己的花圃,搜寻这样一种"变异"、"整形"过的花朵。如果花朵漂亮,就可以期待愿意出高价的买家。买家用这样的花培育下一代花卉,再以高价出售。逐渐地,这种狂热从小部分人传播扩散到整个荷兰。几乎所有的家庭都建起了自己的花圃,郁金香几乎布满了每一寸可以利用的土地。贵族、市民、农民、工人、海员、马车夫、女仆,甚至清洁工都参与了进来。

我们现在所说的"看涨"和"看跌"期权就是在那时被创造出来并广泛交易。那时的人们发明了类似"球茎期货"的交易方式,投机者并无意要求实际上拥有他们所买进的东西,他们只希望很快地将他的合同以赢利的价格再出售给他后面的接盘者。为了规范这一活动,荷兰颁布了新的法律,设置了郁金香的特别公证人,指定了进行郁金香交易的固定场所。当这种期货交易狂热升级时,其他经济活动放慢了。郁金香的价格令人目眩地向上升,不动产被抵押,用来保证它们的主人可以获得参加投机郁金香价格继续上涨的权利。新的买方力量推动价格更多地上涨。

1636年,以往看起来不值钱的一枝郁金香,竟然达到了与一辆马车、几匹马等值的地步,直至1637年,郁金香球茎的总涨幅已高达5900%!不过,价格不可能高到天上,该来的总会来。

多米诺骨牌的倒塌源于一个偶然的事件。有一天,一位外国水手将昂贵的郁金香球茎错当成了类似洋葱的作料就着熏鱼吞了下去,球茎的主人告到法官那里,可到底是水手疯了还是荷兰人太不理性,法官一时难以决断。这下可不得了,一个外国人的举动戳穿了皇帝的新衣,人们开始怀疑、恐慌,郁金香随即成了烫手山芋,无人再敢接手。球茎的价格一泻千里,暴跌不止。最终跌到不及顶峰时价格的10%。整个荷兰的经济生活仿佛都崩

溃了,债务诉讼数不胜数,法庭已经无力审理。很多大家族衰败,有名的老字号也被迫倒闭。

郁金香的狂热灼伤了荷兰人的心灵,之后的几个世纪里再没有类似的事件发生,荷兰的经济也在许多年后才得以恢复,现在,"郁金香狂热"也被当成一个专业术语,成了经济泡沫的代名词。

泡沫就像细菌一样,只要有它存在的土壤,就会蔓延开来。从荷兰的"郁金香泡沫"开始,人类创造了一个又一个的泡沫奇迹。在今天几乎所有的市场中,都能开放出泡沫的花朵,股市、楼市、古董市场、狗市、花市……可谓是无所不包。

这些市场中的泡沫有的已经破灭,有的虽然破灭过但又被重新吹起,但有趣的是,有一个市场的泡沫也许一直都不会被吹破,那就是那些已经去世画家的作品,因为再也无法"生产"出新品来,它们的价格真的能够配上"天价"的"荣誉",凡·高的《向日葵》就是一个例子。

凡·高,后期印象画派代表人物,在完成了他举世瞩目的七幅向日葵后,他选择了自杀,年仅三十七岁。作为一位艺术家,凡·高直到死前不久才以其震撼人心而富于想象力的绘画赢得评论界的赞扬。在伦敦拍卖会上,凡·高的一幅《向日葵》以3990万美元的天价被人买走。为什么会发生这种情况呢?这是由于画家的死导致了作品的升值。画家死后,对其艺术品的升值空间是一种猜测,但作为一种商品,其作品的供给就一定了,需求的增加必然会导致价格的上升,因此只要画家的画被评论家、媒体炒热,那么升值就是必然的结果。事实上,凡·高后来的《加歇医生像》竟以8250万美元的天价成交,创了当时艺术品拍卖的最高记录。

有人说,人们之所以会出这么高的价格去买一样东西,是因为买主实在是太有钱了,对他们来说,花再多的钱也只是电子账户上的一个数字变化,根本没有太多的感受。这是有一定道理的,因为电子账户上的数字变化给人的触动更小,人确实是比较奇怪的动物,同样多的钱,因为账户的不同,就会产生完全不同的感受,在这方面最为有趣的便是心理账户。

## 第三章
# 每个人都有一个心理账户

中国的家庭里有一个比较有趣的现象,那就是夫妻之间有一个人是负责管理家庭的收支问题的,要么是"妻管型",要么是"夫管型"的,当然应当还有少量"夫妻共管型"的情况,具体是谁来管理,主要是根据性格等因素来确定谁更适合管理。但是,实际中,家庭收支的"管理者"真的能够管好家庭的钱袋子吗?

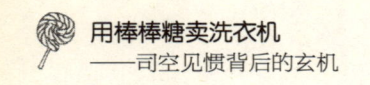

# 赌场上，到底输了多少

我们知道，赌场有一句话叫做"十赌九输"，这并不是说在赌博的具体局数上，大多数的人总是出现输的情况，如果真是那样，就不会有那么多人去赌博了。"十赌九输"是就最终结果而言的，因为赌博赢了钱的人，大多数都选择继续赌下去，最终将赢了的钱以及先前的本钱一起输了进去。在这样的赌博过程中，赌徒究竟输了多少钱呢？是自己的本钱，还是本钱加上已经赢了的钱？许多人都不能算清楚这笔账。

有这样一位赌徒，他在赌场里输得精光后回到家里，躺在床上辗转反侧无心睡眠，突然看到地上有几个硬币，他马上来了精神，从床上一跃而起，决定再去碰碰运气，他在临出家门时看了看挂在墙上的挂钟，时间指向12点整，他在脑海里掠过一个念头：12是他的幸运数字。

经常赌博的人会变得很宿命，他在到达赌场后选择去赌数字，并且选择了数字12进行下注，如果他输了，他就再次输得精光（虽说仅是几元钱），赢了的话则可以得到35倍的数量。当然了，在那么多的数字中间，小球能击中12的概率是非常小的。但奇妙的是，一上桌这么小的概率就给他碰上了，于是他更加认定12带给他的魔力。

他继续在数字12上下注，小球像是中了魔一样又一次跑到了12这个数字上来，这样他用开始的几元钱，很快就赢了大概六千多元钱。他决定放手一搏，要把过去许多年输在赌场的钱都给赢回来，他真的是非常幸运，他又一次成功了，在下注数字12后，他的钱已经变成了20多万之多。赌徒认定幸运之神今天真的附在了自己身上，于是毫不犹豫地再一次把全部的钱压在数字12上。然而，这一次他就没有那么幸运了，他输得精光后离开

赌场。

已经习惯了他输光才会回家的妻子,今天发现丈夫的神情有些别样,平时他都是灰溜溜的,怎么今天满脸的笑容呢?难道他今天赢了钱?妻子着急地向他打听到底是怎么回事?

"今天你赢钱了?"

"没有。"赌徒的回答很干脆。

"那你高兴什么?"妻子显然有些失望。

赌徒就把自己的"神奇"经历给妻子夸张地描述了一番,把自己显然当成了一个莫大的英雄。妻子听到最后,出离愤怒地对他吼道:"你这个王八蛋,怎么把20多万都输了进去?"

赌徒却不以为然地回道:"什么20多万?我不过是输了几块钱罢了,用得着这么大惊小怪的吗?"

赌徒到底输了多少钱呢?是几块钱还是20多万?

事实上,赌徒输掉的是20多万,而不是他所宣称的那样只有几块钱。赌博赢来的20多万和通过其他途径赚来的20多万,从传统经济学的意义上看是没有任何差别的,显然,赌徒没有这么想,他并没有把赌博赢来的那20多万当做自己的收入看待。这也是为什么赌徒的口袋里永远没有钱的道理,也就是"十赌九输"的真正心理根源。

赌博赢来的钱在他们心里专门被放在一个账户中,这个账户里的钱是"上帝"掌管的,属于来也匆匆去也匆匆型。他们没有把这个账户中的钱跟工作挣来的钱放在同等的地位上看待。因此在消费这笔钱的时候,赌博账户中的钱更容易花在赌博上或挥霍掉。这种现象在行为科学中叫作赌场赢利效应,指人们对待赌博赚来的钱和工作赚来的钱在消费倾向、风险偏好等方面都存在着差异:对赌博或外快得来的钱往往敢于冒风险,消费起来大手大脚;对工作赚得的钱往往患得患失,不舍得花。

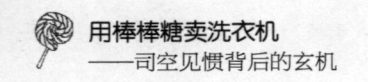

## 损失与未得，感觉大不同

现在每年的高校毕业生有600万之众，他们中的相当一部分人都不能在毕业的时候找到工作，于是其中的一些大学毕业生就选择了考研。经过一年的准备，其中的一部分人最终通过考试，继续进行学校的学习，而更多的人还是没有考取，于是不得不开始找工作。在这个时候，就会在心里盘算，自己这一年里失去了多少。即使是考上研究生的人，也会在心里琢磨类似的问题：在接下来读研的两三年时间里，自己会有多少损失呢？

很多人在计算损失的时候，都是把自己在这一年或者两三年里的花费进行汇总相加，就得出结论说这是自己考研或读研的损失，实际上，这是不完整的，因为在考研和读研的过程中，你自然地就无法选择工作，你就失去了本来可以因为工作而获得的那部分收入。并且在大多数情况下，这部分"未得收益"要明显大于你的"直接损失"的。

直接的损失被称为损失，而本来可以得到却没有得到的利润是未得到的收益。这两者本质上是一样的，可以得到但没有拿到手的收益也是损失，可以拿到100元却没有去拿，这和损失100元是同样的。但是很多人却没有把这两种损失等同，总是对未得收益感觉不深，现实中，重视"直接损失"而忽视"未得收益"的情况普遍存在。

有这样一个公司，它聘用了两名投资顾问A和B。不久前，投资顾问A建议公司抛掉100万股，这只股票的价格当时是5元/股。依照投资顾问A的建议，公司把所持有的100万股都抛掉了，谁知后来这只股票的价格一路攀升，现在的价格已经达到了10元/股。而投资顾问B也于不久前建议公司投资一只股票，当时的价格是10元/股，依照投资顾问的建议，

公司买了 100 万股。没想到买进以后，这只股票形势一直不好，价格一路下跌，现在的价格是 6 元/股。

公司在连续投资失败后，决定解聘掉一名投资顾问，于是在 A 和 B 两名投资顾问之间进行考虑。如果你是决策者，你会解聘谁呢？

也许你会说，应该解聘投资顾问 B，因为他给出了错误的判断，导致公司损失了 400 万元，这么不称职的顾问应该立刻解聘。至于投资顾问 A 嘛，虽说预测失误，但并没有给公司带来损失，那就继续留用吧。可以，让我们理性地想一想，到底是投资顾问 A 造成的损失大，还是投资顾问 B 造成的损失大，我们已经计算过，投资顾问 B 导致公司直接损失了 400 万，但是，应该注意到，投资顾问 A 的建议让公司本来可以赚到的 500 万打了水漂，实际上就相当于是让公司损失了 500 万。如果两者之间进行选择，显然更应该解聘投资顾问 A，而不是投资顾问 B。

为什么会把同样多的钱，以不同的态度来看待呢？这就涉及到心理账户的问题。

## 心·理账户

心理账户是芝加哥大学行为科学教授理查德·萨勒提出的概念。他认为，除了荷包这种实际账户外，在人的头脑里还存在着另一种心理账户。人们会把在现实中客观等价的支出或收益在心理上划分到不同的账户中。比如，我们会把工资划归到靠辛苦劳动日积月累下来的"勤劳致富"账户中；把年终奖视为一种额外的恩赐，放到"奖励"账户中；而把买彩票赢来的钱，放到"天上掉下的馅饼"账户中。

对于"勤劳致富"账户里的钱，我们会精打细算，谨慎支

## 用棒棒糖卖洗衣机
——司空见惯背后的玄机

出。而对"奖励"账户里的钱,我们就会抱着更轻松的态度花费掉,比如买一些平日舍不得买的衣服,作为送给自己的新年礼物等。"天上掉下的馅饼"账户里的钱就最不经用了,通常是来也匆匆,去也匆匆。想想那些中了头彩的人,不论平日多么的节俭,一旦中了500万,也会立马变得豪情万丈,义薄云天。这时的他们通常会有一些善举,比如捐出一部分给贫困儿童。这就是心理账户在起用。当然,他们对社会的贡献是值得称颂的。

　　心理账户的存在影响着人们以不同的态度对待不同的支出和收益,从而做出不同的决策和行为。从经济学的角度来看,一万块的工资、一万块的年终奖和一万块的中奖彩票并没有区别,可是普通人却对三者做出了不同的消费决策。

　　我们来看一个行为经济学中经常举到的实例。

　　今晚音乐厅将上演一场音乐会,票价是200元,你已经在几天前买好了门票。吃过晚饭,你正准备出门,然而却发现门票不见了,你找遍了所有可能的地方都没有发现踪影,你寻思着一定是在路上弄丢了。焦急的你要想听这场音乐会只能再重新掏一次腰包了,你做着激烈的思想斗争,该不该去音乐厅再花200元买一张票听音乐会呢?请记下你的答案。

　　再来看另一个问题:同样是去看一场音乐会,你打定主意去听,票价是200元。但是这次你没有提前买票,而打算到了音乐厅再买。刚要从家里出发的时候,你发现你把刚刚买的一张价值200元的电话卡给弄丢了。这个时候,你还会不会花200元去买这场音乐会的入场券呢?请记下你的回答。

　　实验的结果表明,大多数人在第一种情况下都会选择不再去购买音乐会的门票,而在第二种情况下仍旧选择买

门票,你的选择是不是也如此呢?

　　客观地讲,这两种情况实际是完全等价的,也就是说在你计划花 200 元去听音乐会的前提下,你面临的都是损失了价值 200 元的物品,然后你选择是否再花 200 元去欣赏音乐会。只不过在两种情况下你的损失形式不同,在第一种情况下,你是因为丢了一张音乐会票而损失了 200 元,而在第二种情况下你是因为丢了 200 元的电话卡而损失了 200 元,同样是损失了价值 200 元的东西,为什么你选择是否去听音乐会的决定会截然相反呢?这便是心理账户对你造成巨大影响的例子。

　　在这个例子里,可以这样来看心理账户是如何影响到你的决策:在你的心里有一个娱乐账户,还有一个通信账户。你购买了 200 元的音乐会票,你的娱乐账户中少了 200 元,换取了一张音乐会的票。而你买了 200 元的电话卡,是从你的通信账户中扣除了 200 元,而账户中多了 200 元的电话卡。电话卡弄丢了,在你心理账户上这是通信账户上的损失,和娱乐账户没有关系。你要决定是否去听音乐会仅仅是娱乐账户上的 200 元和音乐会的价值之间的平衡。但是如果你把那张 200 元的票子弄丢了,这就是娱乐账户上的损失了,你要听音乐会就必须再从娱乐账户中支出 200 元,也就是说你为了听这场音乐会,你要用娱乐账户中的两个 200 元钱去换,好像听这场音乐会需要花费你 400 元一样。在这种情况下,你更可能放弃这场音乐会了。

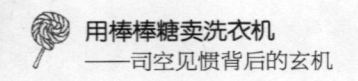

用棒棒糖卖洗衣机
——司空见惯背后的玄机

# 出租车司机的心理账户

心理账户分类很细，也很自由，在日常支出预算中，甚至连衣服和演出门票都被严格地放在两个账户中，也就是买衣服的钱和买门票的钱要从不同的两个口袋中掏出。人们总倾向于把相似的支出归到同一个账户中，并且锁定起来，不让预算在各个账户间流动。因此就会产生丢了戏票就不看戏，丢了电话卡就不打电话，甚至丢了饭票就不吃饭的情况。

对待不同收入设置不同心理账户的现象就更加普遍了。出租车司机应该算是自由职业者，他们可以随意安排每天的工作时间。但是他们的生意受天气影响比较大：天晴的时候，大家愿意在外面多走走或骑车或乘公交车，出租车的生意就一般，经常到晚上很晚收工才能赚回足够的钱。但是在雨天，出租车生意特别好，那就是"你有钱也坐不到"了，最好的情况下司机半天就能挣到平时一天的钱。

如果你是一名出租车司机，你是该在晴天多工作一点呢，还是在雨天多工作一点呢？从经济学的角度考虑，最有效率的做法就是在晴天生意不好的时候早点收工，在雨天则多工作几个小时。因为在相同的工作时间里，雨天要比晴天赚得更多。

美国加州理工大学的考林·卡莫若等教授研究发现，为了保证每个月能有一笔大致固定的收入，出租车司机往往会给自己订一个日收入计划，比如每天要挣到500元才能回家休息。因此晴天生意不好的时候，他们工作的时间过长，通常要做到很晚才能赚到计划收入回家；而在雨天生意好的时候，他们又很快就挣到500元过早地回家去了。其实出租车司机也知道，雨天多工作一个小时就可以让晴天少工作两个小时，可就是他们人为

## 第三章 每个人都有一个心理账户

设置的心理账户使得今天的工资和明天的工资似乎不可以替代。

人们对于不同来源不同时间的收入分置不同的心理账户的现象是普遍存在的。从这个问题中我们可以引申出关于工作效率的这样一个道理：人的工作状态是有周期的，有时候兴致好效率也高，就像出租车司机的雨天，工作一个小时就能出很多活；而有些时候状态不佳，好比出租车司机的晴天，工作效率低。如果你的工作没有严格的时间限制，或者你正在忙碌的项目离最后期限还有一段时间，你完全可以根据自己的状态来调整工作时间，而不必要给自己订一个日工作量。如果你的精神状态好，那就趁着这股劲头多干一点；如果你感觉没劲乏味，那就先休息会儿，回头再来干。这样做，你才能够获得最优的效率。

心理账户对出租车司机的作用还不止于这一种情况。在去比较远的地方时，经常会出现出租车司机和乘客商量价格，而不是打表计费，有这样一个故事：一个人坐出租车去一个较远的地方，有两条路线，一条是走高架，另一条是从普通的马路走。司机知道，如果普通的马路，堵车会比较严重，大概需要花 1 个小时；从高架走虽然有点绕、路程远，但是半个小时就能到。从路程上来看，走地面是直线，只需要 60 多元；从高架走绕的路比较多，打表的话估计要将近 80 元。乘客身上只有 60 元，于是和司机商量，把 60 元全部给司机，由司机自己选择行走的路线。那个司机犹豫了一下后选择走地面，他不想"赔钱"，他觉得走高架是亏了，因为原本可以赚到 80 元的只能赚 60 元，岂不是不划算？

但是，我们来想一下，到底走哪条路线司机会亏呢？如果走地面，他用一个小时的时间赚了 60 元；而如果走高架，他用半个小时的时间赚了 60 元钱，这样他还可以用多出来的半个小时再去揽其他的乘客。正是司机的心理账户作怪，使他失去了另外的赚钱机会。他怕亏但其实亏得更多。

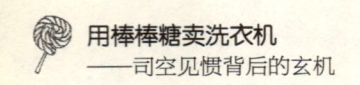

## 刷卡消费

我们在上一章的最后提到，人们之所以愿意出很高的价格来购买名画，是因为采用电子账户进行支付，与使用大把现金进行消费相比，感觉上要麻木得多，于是就更容易产生这种购买行为。

事实确实如此，电子账户上资金的变化，比从口袋里直接掏出现金支付给对方，给人们的刺激要小得多，这也许就是刷卡消费流行的缘故吧。越来越多的大型超市、商场、餐厅都开始接受银行卡（当然包括信用卡）刷卡付款，人们在享受便捷的同时，是不是也发现自己的购买欲望更强烈呢？

美国麻省理工大学的普雷勒克和斯蒙斯特教授曾做过一项这样的实验，他们对某著名篮球队参赛的篮球赛票进行拍卖，出价最高的人可以获得门票。他们将参加实验者完全随机地分为两组，要求一组参与者必须用现金付款；而要求另外一组参与者用信用卡付款。既然是随机分的两组人，对于拍卖同样的物品，按理说这两组人的平均出价不会有显著的差异。但是实验结果却表明用信用卡付款的那组人的平均出价是用现金付款的那组人的两倍！仅仅因为付款方式是信用卡，在付款的时候不会直接看到自己的钱从口袋中出来，因此也就更加大方。

商家也意识到了使用信用卡付款可以刺激购买欲，消费者在刷卡消费的时候比从口袋里掏钱更加大方，因此他们也积极鼓励消费者划卡消费。对于国家而言，如果要促进消费的话，也可以鼓励支持信用卡事业的发展和完善，一来鼓励信用卡的使用能使得人们的购买过程和手续更方便快捷，二来由于心理账户的影响，人们在使用信用卡时对花钱的感觉较之用现金更淡漠，更舍得消费，因此从一定程度上能起到促进消费的作用。因

此,鼓励消费者使用信用卡消费不失为促进消费的一个好手段。

刷卡消费的习惯能够让人上瘾,当一个人已经习惯了不用带很多的现金,而只是准备很少的零钱在口袋里(当然还得把自己的卡带上),看到自己喜欢的东西时,就可以随时决定购买,而不用去担心没带够钱,或者是找不到取款的 ATM 机。尤其是信用卡的出现,更是让消费者有了"今天花钱,以后付账"的方便,就更是明显地增强了对消费者的黏性。

如果要把刷卡消费从消费者的"权利"中剥离,一定会有很多人不答应。当然了,人们在拥有一样东西的时候,虽说可能并没觉得有多少的好处,但一旦要失去,却会分外珍惜,甚至会产生你完全想不到的反应。

## 拥有时与失去时,感觉完全两样

1985 年 4 月 23 日,美国可口可乐公司做了一个不智之举,后来被时代周刊称为"十年来的营销惨败"。那么可口可乐公司究竟做了件什么事呢?

事情是这样的:可口可乐公司发现,很多人都喜欢百事可乐那略微带甜的口味,于是决定放弃其传统可乐配方,推出带甜味的"新可口可乐",谁知却引起了消费者的抵制。

消费者对可口可乐公司更换口味的这个决定十分生气。全美国几千名传统可乐的拥护者愤起抵制"新可口可乐",要求传统口味的可乐重新回到市场。一名已退休的西雅图投资商——盖因·莫林斯还顺势创办了"传统可乐爱好者协会"。

"传统可乐爱好者协会"的成员遍布全美各地。他们通过民间呼吁、司法途径及查找法律条文等手段,要求复苏传统可乐。为此,莫林斯还设了电

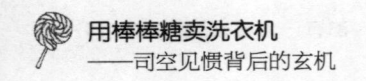

话专线,供人们宣泄不满和发表意见。此外,莫林斯还向人们发放了数千枚"抗议新可口可乐"的纽扣和T恤。他甚至还对可口可乐公司提出集体诉讼,不过联邦法官并没有接受。

不过让人感到奇怪的是,有人曾让莫林斯闭着眼睛品尝新、老两种可乐,结果显示,连莫林斯自己都更喜欢新口味,而且他也说不出新、老可乐到底有何不同,但是这不妨碍他继续为传统可乐奔走忙碌。看来,莫林斯先生认为他失去的东西,远比他对新可乐的喜爱重要。

可口可乐公司后来做出了让步,让传统可乐又重新回到了人们的身边。不过公司的管理人员却始终不明白,推陈出新的决策到底错在哪里?要知道,在向外界宣布放弃旧口味前,可口可乐公司花了4年时间,对25座城市的20万消费者做了详细调查。在蒙眼品尝测试中,新、老口味的受欢迎度为55%对45%。而当消费者知道哪瓶是新口味,哪瓶是老口味时,新口味的受欢迎度又提高了6个百分点。

既然这样,为何推出新产品的决策会遭到抵制?这是由于同样一样东西,在拥有时和失去时,给人的感觉会完全不同。在做品尝测试时,新可乐对人们来说是无法买到的东西,所以人们对得不到的东西表现出了喜爱,而对拥有的传统可乐并没有明显的好恶感情。但当公司宣布用新配方替代老配方时,传统可乐就变成人们要失去的东西了,于是人们的喜爱之情发生了转移。

这样来看,新口味的受欢迎度在后一个测试中得到提高是合理的。只不过可口可乐公司没有正确理解那6%产生的原因。他们误以为这代表人们会对新口味趋之若鹜。其实应该这么理解:当人们知道哪个产品买不到时,就会更喜欢它。

可口可乐公司更改可乐配方的尝试遭到抵制,显示出人们厌恶失去已经拥有的东西,人们的这种心理特征,被称为"损失厌恶",可以很好地说明人们在投资、决策、谈判及说服过程中的行为。

美国加州大学的研究人员就曾经假扮电力公司的员工做过这么一个调查:他们告诉一组用户,通过节约能源,每天能省50美分。另一组用户则

被告知,如果不节约能源,每天将损失50美分。结果在节约用电的住户中,后者比前者要多出3倍。在这个案例中,虽然用户的损失与收益是一样的,但以损失作诱因的方法却具有更好的劝说效果。因为人们不喜欢损失的程度远远超过他们对等量获利的喜欢程度。

如果说人们害怕失去而喜欢获得,是一种最自然不过的本性,那么,同样是要获得好处,人到底更喜欢什么样的好处呢?

## 现金变成度假,为什么反而高兴

人是喜欢钱还是喜欢更舒适的生活?大多数人会回答说是想要更舒适的生活,但是,在实际情况下人们的选择却并非如此。假如公司为了奖赏你一年以来的认真工作,决定让你去三亚旅游,飞机票加上酒店食宿等费用共计1万元,这显然是给你过更舒适的生活的机会。但是,同时,公司也任由你放弃这一选择,而是从公司领取1万元现金,并把相同长度的旅游假期换成你自由支配的假期。这个情况下,大多数的人都会选择钱,而不是旅游。

为什么会如此呢?原因也很简单,如果想要去旅游,选择了钱以后依然可以自己去旅游,花费同样会是那么多。但是,一旦选择了钱,你再去旅游的可能性就比较小了,尤其是你选择先前提供的旅游方案的可能性微乎其微。可惜的是,选择了钱的人,由于没有去旅游度假,反而会觉得不太开心,尤其是如果有同事和自己的情况一样,但是选择了去三亚旅游,那么自己的羡慕之情就会更加明显。

如果公司从一开始就不给你更多的选择,而是直接通知你去三亚旅游,结果便是你高高兴兴地去度假旅游,最终高高兴兴地回来。这件事给我

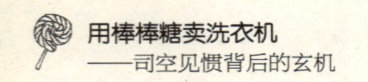

们的启示是对于好事来说,有选择不如无选择。我们还是以公司对员工进行奖励的情况举例说明。

当一个公司准备奖励员工时,假设公司可以让员工去度假旅游,也可以送他们每人一台高清晰度的数码电视机,并且两者是等值的。究竟应该让他们选择好呢,还是不让他们选择好呢?

乍看之下,好像是给出更多的选择是对员工好,绝大多数员工也希望可以得到选择,以为那样可以更加满意,其实不然。在让他们自由选择的情况下,选了度假的员工会感到自己是放弃了实用的电视机作为代价来参加旅游的,旅游回来看到同事家的那台电视肯定心中不悦;而选择电视的人,在家里看到电视中的那些度假胜地,想到其他员工正在尽情游玩,一定会顾影自怜了。因此,当你知道两件事情对方都喜欢的时候,就不要给对方选择,免得导致他患得患失。

虽然给人选择,可能使对方获得最大效用的东西,但很多时候这种选择并不能为他带来最大限度的满足。在有些情况下,选择还会带来负面效应。当各种选择之间的优劣差异不大时,单独给任何一件东西都比让别人在选择中患得患失要更容易得到满足感。

从上面的分析得知,人们在做出选择时,并不是总能够找到让自己获得最大满足的方案。实际上,很多情况下人们的选择根本就是"跟着感觉走",完全没有计算选择背后意味着什么,比如在买较贵的东西和较便宜的东西时,省钱态度就会全然不同。

## 省钱一样多,行为却不同

在小张的住处附近,有一家大型的3C电器旗舰店,步行过去要花5分

钟的时间，而距离中关村则有1个小时的车程。一天，小张准备买一个U盘，他上网查询了中关村的U盘报价，他看上的那款U盘价格是100元，但在他到达电器店的时候，发现那里的价格竟然要200元，于是小张毫不犹豫地决定坐车去中关村，以100元的价格买下了那款U盘。

过了不久，小张决定要购买一台笔记本电脑，品牌、型号等情况都非常熟悉了，这次到达电器店之前，他又查询了一下这款电脑在中关村的报价，是3500元。在到达电器店后，小张发现机器的价格是3600元，这一次小张没有任何犹豫，就付钱把电脑买了下来，而没有选择去中关村购买。

我们把两次的情况进行对比就发现，同样是节省100元，但是小张却有完全不同的反应。实际中，生活中的大多数人也都和小张一样，会在第一种情况下愿意花时间去中关村去购买U盘，以节省100元；而在第二种情况下，要花上来回两个小时的时间去买从3600元降到3500元的笔记本电脑，就不那么愿意了。

其实仔细地想一想两种情况，不管是买U盘，还是买笔记本电脑，都是从电器店到中关村，为了省100元的钱要花上来回两个小时的时间。理性的决策者面临这两个问题的时候，他应当考虑的是自己是否值得为节省100元钱而付出两个小时的时间和精力。如果觉得花费两个小时去节省100元是值得的，那么他就应该坐车去中关村购买U盘或笔记本电脑。如果觉得为了节省100元而花费两个小时的时间不值当，则应该就在住处附近的电器店进行购买。可是事实上，人们的选择却是与之相反的。这是因为这两笔交易给人们带来的"交易效用"是不一样。

人们觉得坐车两个小时去买200元降到100元的东西要比买3600元降到3500元的东西更加值得，虽然从绝对数值上来看，节省的钱一样多，但人们却会这样考虑：200元的U盘降价到100元，那是节省了50%，而3600元的笔记本电脑降到3500元，降价幅度不到3%。同样的道理，你是否对一辆优惠100元（甚至1000元）的汽车无动于衷，但是却会关注一台优惠100元（甚至10元）的电磁炉？在这里也是交易效用在起着作用，不过这里的交易效用是由于价格差额与售价的相对比例所引起的，因而称之为

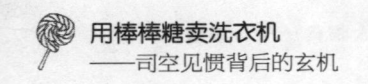

"比例偏见"。

也许你会质疑说，难道根据比例来判断是错误的吗？没错，有些时候，我们的确应该以比例作为决策的标准。比如说，现在有两个投资项目让你选择，第一个项目是投入 100 元，一年后可以得到 100 元的收益；第二个项目是投入 3500 元，一年后同样是可以得到 100 元的收益。你应该选哪个项目呢？毫无疑问，当然是第一个，它的投资回报率高达 100%，而第二个项目的投资回报率还不到 3%。这里比较的是收益，然而这和我们前面提到的购买 U 盘和笔记本电脑的情况完全不同。

在 U 盘和笔记本电脑购买问题中，我们也应该将成本与收益进行权衡。不同的是，不管是去中关村买 U 盘还是电脑，我们所需要付出的成本都是花掉来回两个小时的时间，这是没有差别的。100 元和 3500 元是 U 盘和笔记本电脑的原价，这两个数字和是否去中关村得到的收益是没有关系的。两个小时的时间是一个确定的值，在成本相同的情况下，我们应该看究竟节省了多少绝对的量，而不该受到节约量与原价比例的影响。但是大多数的人往往过多地看重比例，而忽视实际收益的价值。

这个问题还让我们看到，在对待"大钱"和"小钱"上，人们会自然地采取不同的态度。

## 大钱小花，小钱大花

有一位大学生，利用空闲时间给人做家教，收入上也还不错，每次两小时的家教结束后，都能从学生家长那里得到 100 元的报酬。可是，每次赚得的 100 元钱还没在口袋里焐热，就已经花了出去，请客吃饭、去 KTV 唱歌、去超市买东西犒赏自己等等，很多时候还需要自己再贴上一些钱才够。后

来又有一次他给一名学生做家教，对方要求连续授课 10 天，每天两个小时，家教的费用也是在授课结束时，一次性地将 1000 元付给了他。结果一次性得到 1000 元钱的他，一分钱都没舍得花，而是把它们完完整整地存入了银行账户中。

从这里我们可以看出来，不只是对于不同收入来源的钱，人们会将其放入不同的心理账户，就是相同收入来源，但收入数量大小有别的钱，也会分开看待，尤其是对于对比较为明显的"大钱"和"小钱"，有着完全不同的消费方式。

大约 40 年前，以色列银行的经济学家迈克尔·兰兹博格研究了二战后以色列人在收到德国政府的战争赔款后的消费问题。

研究对象是一群以色列人，他们都收到了一笔来自西德的赔款。这笔抚恤金是用来赔偿纳粹暴行的，但对被赔偿者而言还是相当意外的。

每个家庭或者个人得到的赔款额相差悬殊，有的人获得的赔款相当于他们年收入的 2/3，而最低的赔款大约相当于年收入的 7%。因此，兰兹博格得以衡量这种意外收入，是如何影响每个人的花费率。

结果很让人惊讶。拿到较多补偿金的人（相当于他们年收入的 2/3），花费率只有大约 23%，其余都存了起来。相反地，拿到补偿金最少的人（相当于他们年收入的 7%），花费率达到 200%。相当于他们平均每收到 1 元抚恤金，不仅把它全部花掉，而且还会从自己的存款中再拿出 1 元贴进去消费，看来这多得的抚恤金使得他们把自己的钱也贴进去了。

这个例子说明，人们会根据一次性获得收入多少的不同而把收入放入不同的心理账户，通常会倾向于把一大笔钱放入更加长期、谨慎的账户中，而把零钱放入短期消费的账户中，最终出现了"大钱小花，小钱大花"的现象。

## 送礼的讲究

作为子女的你可能会有这样的经历，每当你在年终给父母一大笔钱以示孝心，希望他们能买点营养补品，或者买套保暖内衣等等的时候，他们就会把这笔钱放人储蓄的心理账户中，往往会把这笔钱存入银行，不舍得花。这个时候你不妨将这笔钱分若干次以小额的形式给他们，比如将原来一次性的 3000 元分十次，每次给他们 300 元，这样，这 300 元就会被归入零花钱的心理账户里，说不定他们就会将每次的 300 元花到日常饮食起居的开销中，这个时候你的孝心就得到了真正的实现。

另外，你也可以不给父母钱，而是直接买父母需要的东西送给他们。因为你替他们做主买了东西，类似于我们前面提到的公司不把现金发给员工，而是直接通知其去旅游度假，对方会获得最大的满足感。其实，不只是在对待父母问题上如此，在各种人情交往中，往往都有送礼的情况，这时，需要谨记的是：送东西比送钱要好。

某公司的一个部门，因为完成了一项对公司来说特别重要的任务后，公司决定奖励这个部门，于是要求部门主管提交奖励的方案，前提条件是每名员工的支出是定额 1000 元。部门主管一开始想，大家这么辛苦，应该建议公司直接将现金 1000 元发给员工，但一想到几个月来的辛苦与区区的 1000 元相比，实在是太不相配了，于是就想到了一个更妙的主意：公司出面与某高级饭店接洽，以每人 1000 元的

价格"批发"了一些这个饭店的就餐券,将这些就餐券发给部门员工。

最终果然取得了不错的效果,这些从来没有去过那么高档的餐厅就餐的员工,对此事总是念念不忘,公司为其提供的那次特殊的高贵享受让他们津津乐道。然而,试想一下,如果是发放现金,大家就会觉得这是理所应当得到的报酬,反而可能会觉得给得太少了。更重要的是,一旦这1000元钱放进自己的钱包之后,人们往往会忘记了他们是怎么花掉了这些钱,当然这个礼物就失去了它所代表的意义。

也就是说,在送给别人礼物的时候,送别人想要的东西,比送钱要更为有效。具体什么样的东西才是有用的呢?这就要看对方真正需要什么,并没有固定的模式。不过,有趣的是,在很多时候,礼物并不需要多么有用,反而是那些用不着的东西,能够让对方对自己有更多记挂。

从接受礼物的人的角度上说,对他们有用的东西并不一定是能让他们高兴的东西;而从赠送礼物的人的角度上看,送礼的目的不是要给接受礼物的人带来多大实惠,而是要让对方记得你,感激你。因此有人提出,送礼如果是送吃得掉、用得掉、送得掉、扔得掉的礼物,则很快就会被人遗忘,所以要送吃不掉、用不掉、送不掉也扔不掉的东西。

比如,朋友乔迁新居,送给他一幅他的画像不失为一个好选择。而且画像上的他最好比他本人还好看一点,不是现实中的样子,而是他想象中自己的样子。画像显然是吃不掉也用不掉的,他也不会将自己的画像拿去送人,当然也不会舍得把自己的画像扔到垃圾桶里。朋友看到自己的画像,看到自己是心目中满意的样子,自然就会很开心。他肯定会把画像挂在新家客厅的墙上,每天都会看到它,也会想起来这是你送的礼物。有其他朋友到他家参观,他还会得意地把画

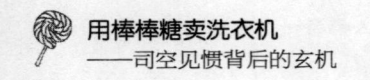

像介绍给朋友,告诉他们这是你送的礼物。这样有个性的礼物一定会让对方长久地记住你这个朋友。

当然,我们这里提到的送礼的"学问",也都是相对而言的,因为不同人对礼物的认知是会有很大的差异的。人们对事物认知上的偏差背后,还有很多内容可说呢。

# 第四章
## 认知上的偏差

你在购买东西的时候,是更注重实用,还是更相信感觉?你是追新的发烧友,为了赶时髦愿意花更多的钱,还是精明的"吝啬鬼",只买对的不买贵的?你买东西的时候,是否受到过无关参考的影响?对这些问题的不同回答,表明你在认知上不同的偏差程度。需要说明的是,这些偏差本无明显的好坏之分,它只是一种客观的存在罢了。

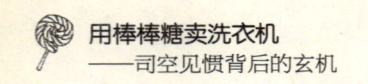

## 送礼时,礼物越贵越好吗

有人做过一个冰激凌的调查实验:两杯哈根达斯冰激凌,一杯 A 有 7 盎司,装在 5 盎司的杯子里,看上去快要溢出来;另一杯冰激凌 B 是 8 盎司,装在 10 盎司的杯子里,看上去还没装满。如果人们喜欢冰激凌,那么 8 盎司明显要多于 7 盎司;如果人们喜欢杯子,那么 10 盎司的也要比 7 盎司的大。可是实验结果表明,人们反而会为少量的冰激凌付更多的钱。在这个实验中,人们评价冰激凌的标准往往不是其真实的重量,而是冰激凌满不满的程度。实际生活中这样的例子比比皆是,小黄的送礼效果很能说明这个问题。

小黄给两位朋友送礼物,他买了一条价值 400 元的羊绒围巾送给一个朋友,还买了一件价值 500 元的羊毛大衣送给另一个朋友。两者比较而言,围巾相对便宜,大衣的价格更贵。但是后来小黄从别人那里听说,接受围巾的朋友觉得他很大方,她认为小黄为她挑选了那么高档的围巾,可见他的确是把她当真正的朋友了。而收到羊毛大衣的人呢,她似乎并没有收到围巾的人那么高兴,反而觉得小黄挺小气的,不够朋友。

小黄刚听说的时候感到很纳闷,因为他想自己明明在后面这个朋友身上多花费了 100 元钱,为什么她反而觉得自己小气呢? 你知道这是为什么吗? 每个东西都有它所属的范畴。围巾是一个比较便宜的范畴,而一条 400 元的围巾是这个范畴中比较贵的东西;大衣是一个比较贵的范畴,一件 500 元的大衣是这个范畴中比较便宜的东西。

小黄送礼物的经历与冰激凌的例子是异曲同工的。与 10 盎司的杯子装着 8 盎司冰激凌相比,人们更喜爱那装在 5 盎司杯子中的 7 盎司冰激

凌。在冰激凌的例子中，装得满满的小杯更惹人喜爱，小杯就好比是围巾这一类别，而400元的羊绒围巾就好比是装得已经溢出来的冰激凌。而大杯好比是大衣类别，一件500元的羊毛大衣充其量只不过是装了半杯的冰激凌。虽然从价值上说，大衣的价值要高于羊绒围巾的价值，就好比未装满的大杯冰激凌分量要比装得满满的小杯冰激凌多一样。但是，在单独评价时，人们往往会觉得小杯的更多，同样，400元的羊绒围巾就比500元的羊毛大衣更让人满足。

从上面的分析可以看出，人在看待别人送的礼物时，会存在认知上的偏差，即不怎么关注礼物本身值多少钱，而是关注这件礼物在所属的类别里是不是昂贵。一个本身不太昂贵但在所属类别中较贵的礼物，给人的感觉要好于一个本身比较昂贵但在所属类别中较便宜的礼物。这种认知偏差的存在，给送礼人的启示是，如果要送礼就应该选择"小中之大"，而不是"大中之小"。

## 顺序也会影响判断

一杯温水，保持温度不变。另有一杯冷水，一杯热水。先将手放在冷水中，再放回温水中，会感到温水热；先将手放在热水中，再放回温水中，会感到温水凉。出现两种不同的感觉，而温水本身没有任何变化，变化的则一定是你的认知。实际上，任何牵涉到认知的地方，都会存在这种知觉上的对比，当两种认知相继出现时，前面的认知会影响后面的认知。

心理学家扎卡里·托马拉和里查德·佩蒂为了验证"知觉对比"对人们的影响，做了下面这个实验。

研究人员虚构了两家商店，一家是布朗百货，另一家叫史密斯百货。实

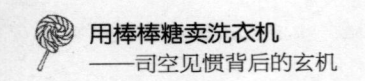

验分两组进行，第一组先介绍了史密斯百货中一个部门的情况，再介绍布朗百货的三个部门；第二组则先介绍史密斯百货六个部门的情况之后再介绍布朗百货的三个部门。

结果证实，当先介绍史密斯百货的六个部门，再介绍布朗百货的三个部门时，人们会认为对布朗百货的了解不够。但当先介绍史密斯百货的一个部门，再介绍布朗百货的三个部门时，人们对布朗百货的认知却有了变化，觉得基本了解了布朗百货。似乎放在前面介绍的史密斯百货部门少，就能让人们对布朗百货更为了解似的。

后来，研究人员又扩大了实验范围。在实验程序不变的情况下，研究人员用不同领域的事物进行了对比，即用迷你宝马与布朗百货进行对比。结果表明，即使前一种认知对象与后一种完全没有共同点，但前面的认知对后面的认知仍然存在影响。

由于认知对比对人们有这种巨大的影响力，销售人员就利用了这一点进行产品销售。比如一位销售员认定某个产品特别适合一位客户，那么就开始向这位客户重点介绍该产品，同时对其他产品以一带而过的方式进行介绍，这样就增加了客户购买的可能性。

还有的商家只是巧妙地在两件商品间形成对比，就促进了两者的销量。这里有个真实的例子。

日本有一家专门经营电子玩具的商店。商店新引进了两种不同型号、质量相差无几、价钱一样的电子游戏机。可是摆在柜台上的这两种游戏机却很少有人购买，这令商店老板一筹莫展。

这时正好新招了一位女店员，她为店老板出了一个好主意。她建议把型号小的那种游戏机的标价从 80 元提到 160 元，型号较大的游戏机标价不变。

这样一来，当顾客进到店里，看到型号又大、价格又便宜的游戏机并不比标价高的那种质量差，以为捡到了便宜，机会难得，便毫不犹豫地将其买下。而另外一些有钱人在看到型号小、价格反而比型号大的游戏机更贵时，认为遇到了精品，于是也慷慨解囊。买回去当做上好的礼物送给亲朋好友

第四章 认知上的偏差

的孩子。很快，几千台两种型号的游戏机就被抢购一空。

原本无人问津的两种游戏机，在价格没有降低反而有一款略有提高的情况下，竟然变得出奇地畅销。这其中的奥秘就是商家恰当地运用了顾客的认知对比。

## 一个无关的参考

有一位年轻人，到达一个陌生城市去出差，工作结束后在街上溜达，不觉肚子有些饿了，于是走进一家街边的小餐馆准备进餐。进入餐馆后发现，所有的位置都坐满了人，他正准备离开的时候看见墙上写着"本店提供打包外卖"的字样，于是决定要点上饭菜，带回酒店去吃。

他走向前台，问服务员都有哪些东西可以打包外卖。服务员回答说："有盖饭和饺子。"于是他说是要盖饭，服务员突然补充说："哦，我忘记了，我们还有面条。"结果，他回答说："既然这样，那我还是要饺子吧。"

这位年轻人改变了选项，违反了理性选择论的一个基本公理，也就是倘若备选名单上增加了一个最差选项，不应当影响之前已经选中的选项。他最先所做的选择，说明他喜欢盖饭多过饺子，而这一偏好，不应当因为备选名单上多了一项面条而发生改变。

然而，按以塔玛·西蒙森和阿英斯·特沃斯基的实验，这种偏好的逆转其实是很普遍的现象。他们认为，人们往往在两个难于比较的选项上拿不定主意。每一项都有吸引人的特点，人们不愿意选择其中之一，因为害怕以后会后悔没选另一个。在这种情形下，引入一个看似无关的新选项能带来深刻的影响。

当然，引入参考来影响人们的认知，并不一定非要是引入无关的选项。

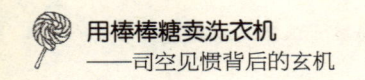

如果要引导他人在两者中优先选择某一项，可以通过故意引入与这一项形成对比的参考，来让其进行认知对比，进而做出你所希望的决策。房产经纪人带客户看房的例子很能说明问题。

一位买家正感到头疼，因为他要在两个房子中选中一栋。一处是屋况良好的独立别墅，标价为200万元；另一处是一高档小区中的精装楼房，标价190万元。买家更倾向于后者，这时，地产经纪人安排他去看另一处别墅，这处别墅的状况比前一处情况稍差，标价是220万元。回程的路上，买家宣布，他打算买下第一处独立别墅。是什么使得地产经纪人认为，给客户再看一处房子是个好主意呢？

地产经纪人的客户无法在头一处别墅和高档社区里的楼房之间做出选择，可轮到比较第一处别墅和第二处别墅时，客户并不感到为难，因为第二处别墅质量不好，价格又贵。在第二次比较中，第一处别墅轻松取胜，于是客户自然地感到第一处别墅有更好的感受心理，并将这种感受带入了其与高档社区里楼房的比较中去，最终影响了他的决策。

按照我们直观的想法，地产经纪人带客户看第二处别墅的做法，完全是浪费时间，然而在实践当中，这种手法往往能够产生好的效果。

## 认知偏差

通过上面三节的内容，我们发现，在认知一个事物时，人总会受到各种信息的影响和干扰，往往会发生这样或那样的偏差。这些偏差无非是由于某些特殊的社会心理规律的作用，而产生的对某种社会刺激物的特殊反应。我们把这种现象叫做"认知偏差"，或者是"社会认知偏差"，它是指在社会认知过程中，认知者和被认知者总是处在相互影响和

## 第四章 认知上的偏差

相互作用的状态,因此,在认知他人、形成有关他人的印象的过程中,由于认知主体与认知客体及环境因素的作用,社会认知往往会发生偏差。

导致认知偏差的因素有很多,比如对认知事物之间的对比,认知的先后顺序,以及被加入到认知范围的参考物。人们发现,一些心理效应对认知偏差的产生有重要作用,它们分别是首因效应、近因效应、晕轮效应和投射效应。

首因效应也叫首次效应、优先效应或"第一印象"效应。它是指当人们第一次与某物或某人相接触时会留下深刻印象。第一印象作用最强,持续的时间也长,比以后得到的信息对于事物整个印象产生的作用更强。首因,是指首次认知客体而在脑中留下的"第一印象"。首因效应,是指个体在社会认知过程中,通过"第一印象"最先输入的信息对客体以后的认知产生的影响作用。

近因效应与首因效应相反,是指在多种刺激一次出现的时候,印象的形成主要取决于后来出现的刺激,即对某物或某人的印象,总是最近、最新的认识占了主体地位,掩盖了以往形成的对事物和他人的评价,因此,也被称为"新颖效应"。

晕轮效应,又称光环效应,是指当认知者对一件事或一个人的某种特征形成好或坏的印象之后,就会倾向于据此推测该事或该人的其他方面的特征。如果认知对象被标明是"好"的,则其就会被"好"的光圈笼罩着,并被赋予一切好的品质;如果认知对象被标明是"坏"的,则其就会被"坏"的光圈笼罩着,其所有的特征都会被认为是坏的。这就像刮风天气之前晚间月亮周围的大圆环(即月晕或称晕轮)是月亮光的扩大化或泛化一样,故称之为晕轮效应。

投射效应是指将自己的特点归因到其他人身上的倾向,是指一个人将内在生命中的价值观与情感好恶影射到

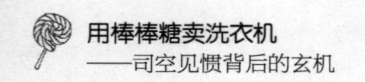

## 用棒棒糖卖洗衣机
——司空见惯背后的玄机

外在世界的人、事、物上的心理现象。大量的心理学研究发现，在日常生活中，投射效应普遍存在，人们总是不自觉地将自己的心理特征归属到他人身上。投射效应会产生认知偏差，如果这种偏差发生在对一类人或一群人的认知中，就会产生社会刻板印象。

社会刻板印象就是指人们对某个社会群体形成的一种概括而固定的看法。一般来说，生活在同一地域或同一社会文化背景中的人，在心理和行为方面总会有一些相似性；同一职业或同一年龄段的人，他们的观念、社会态度和行为也可能比较接近。如在地域方面，人们有英国绅士、美国西部牛仔、原始生活中的非洲人、观念保守的东方人的印象；在职业方面，人们会自然想到教师的文质彬彬、医生的严谨或地质勘探队员的粗放等等；在年龄方面，老年人比青年人更喜欢守旧等。人们在认识社会时，会自然地概括这些特征，并把这些特征固定化，这样便产生了社会刻板印象。

认知偏差的存在，一方面显示出人们在对事物和人的认识上，存在着这样或那样的误区，需要通过克服认知偏差来正确认识事物和他人；另一方面则被人们故意利用，用来收到某种自己想要的效果。

## 黑比白贵，苹果笔记本的颜色也值钱

2006年7月1日，苹果公司的网站上公布了该公司13寸苹果笔记本电脑的价格。传统的白色机型卖1299美元，但同一型号的黑色机型则卖

## 第四章 认知上的偏差

1499 美元。仔细一看，用户可发现，黑色机型配备的是 80G 硬盘，比白色机型的标配硬盘大 20G。情况似乎并无神秘之处：配置较好的机器价格自然更高。但再仔细看看，白色机型也可以选配 80G 硬盘。加价多少呢？仅仅 50 美元。这样一来，谜题出现了：为什么生产成本一样，黑色机型却比白色机型要贵 150 美元呢？

其实这并不是苹果公司的专用花招，很多公司都会对性能一样的产品推出不一样的包装，而价格却有天壤之别。就苹果公司而言，其在 2005 年秋 iPod 黑色版上市后就开始采取这一手段了。

刚开始的时候，黑色 iPod 的价格和传统的白色 iPod 价格一样，技术指标也一样，但人们对黑色机型的需求，远远超出了公司的预计，很快就耗尽了公司的库存。尽管白色款式有现货，可很多人宁愿加钱也要预订黑色机型。于是苹果公司在 2006 年推出笔记本电脑时，公司有了新的主意：黑色机型定价更高，这样的定价策略的确为苹果公司带来了不少的超级利润。

黑色机型定价更高是否不公平呢？电脑公司生产电脑的平均成本，随着单位产量的增加大幅下降，因为公司的研发成本，并不随产量的变化而变化。所以，公司可以以低于平均成本，但高于边际成本的价格销售部分产品，增加利润。但为了给研发成本上保险，公司必须以高于平均成本的价格销售其他产品。

在一个公平的世界里，那些喜欢该公司研发部门设计的新颖功能的用户，会承担相当大一部分成本。对价格最不敏感的买家，大部分都愿意以高价购买新机型的时髦特性。研发项目给所有买家都带来了好处，但给那些愿意为了新特性多出钱的用户带来的好处最大。给黑色机型定高价，一方面，是公司对于黑白不同款产品销量进行的价格调节，即对于供不应求的黑色款定高价，从而抑制一部分对于颜色没有太大偏好的人转而选择白色，促进白色款的销量；另一方面，以价格作为门槛使得黑色款更为稀缺，使得钟情于黑色款的买家获得了更高的心理满足。

在同质化商品竞争激烈的现代社会，苹果公司的这一招数已经并不新奇了。从汽车到手机，再到可乐，花样繁多的限量版、明星签名版等，无不是

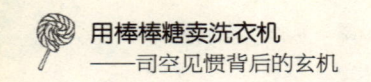

这一手段的深入应用。如果你就是追求限量版、明星版的时尚达人或狂热粉丝，那么，再高的定价对你而言依然物有所值；如果你觉得不值，那么，选择需要花更少的钱的产品即可。

苹果公司不愧是行业中的佼佼者，它把自己产品的颜色都卖出了一个好价钱，这当然少不了公司 CEO 史蒂夫·乔布斯的功劳。实际上，乔布斯深深地懂得如何影响人们的认知，美国媒体总结的"乔布斯 6 大谎言"就是明证。

## 乔布斯 6 大谎言

2010 年 1 月 27 日，苹果公司在其新品发布会上，发布了苹果平板电脑 iPad，其售价明显低于市场先前的预期，给消费者巨大惊喜。为什么会出现这种情况呢？这是由于乔布斯有一种天赋，能够以他杰出的误导能力一次次转移市场的注意力。人们之所以会高估 iPad 的售价，其中原因之一是，乔布斯曾在 2008 年一个电话会议上表示，苹果无法生产售价低于 500 美元，又不是垃圾的电脑产品。正是因为这句名言，市场普遍传言平板电脑 iPad 售价可能会高达 1000 美元。

但实际上，苹果发布的入门级 iPad 售价只有 499 美元，其他各种版本的 iPad 售价也都没有超过 1000 美元。乔布斯的这条误导性言论，与以下其他五次较为知名的误导性言论合称为"乔布斯 6 大谎言"。

**没想过生产平板电脑**

市场长期以来都不相信苹果会推出平板电脑。这是因为据媒体报道，乔布斯曾在 2003 年《华尔街日报》举办的 All Things Digital 大会上亲自对知名科技记者莫博士否认苹果会研发平板电脑。据报道，乔布斯当时对莫博士说："我们没有生产平板电脑的计划。消费者喜欢实体键盘，我们认为

平板电脑不会取得成功的。"

不过,时间已经过去了七年,情况也发生了诸多变化。有充分的证据显示,苹果研发平板电脑已经有一段时日了。《纽约时报》记者尼克·比尔顿报道苹果研发平板电脑至少已经有五年时间,而实际上当时苹果研发的是iPhone。苹果在2004年递交了一款触摸屏产品的专利。再远一点,苹果早在1983年就和Frog Design研发过平板电脑的原型机。当时的平板电脑还包括了实际键盘,但乔布斯显然考虑平板电脑已经很长一段时间了。

**对手机业务没兴趣**

同样是接受莫博士的采访,乔布斯表示他觉得苹果很难在手机领域取得成功。乔布斯当时表示:"我在PDA业务上感受到了很大压力。我们认为,苹果很难在手机领域取得成功,因此我们转而选择研发iPod,而没有进入PDA领域。"

当然,这段话也暗示了,苹果不打算从事传统手机业务,而计划研发一款融合了iPod、PDA以及手机特征的产品。这就是后来的iPhone。不过,乔布斯在这里仍然是大玩文字游戏。

**民众不会再阅读了**

乔布斯曾在2008年对《纽约时报》表示,亚马逊电子书阅读器Kindle不会有市场。他当时表示:"这款产品究竟好不好其实并不重要,关键是人们已经不会再去阅读了。2007年美国40%的人看的书还不到一本。Kindle从根本就是有问题的,因为消费者不愿意再看书了。"

显然,乔布斯后来改变了想法。2010年1月27日,乔布斯在推出iPad电子书商店iBook的时候表示:"亚马逊电子书阅读器Kindle起到了伟大的市场开拓作用。我们现在是站在他们的肩膀上,进一步开拓进取。"

**小屏幕上看电影没劲**

莫博士曾在2003年问乔布斯,他是否打算将视频引入iPod。乔布斯当时表示,他不会考虑这个想法。然而仅仅两年之前,苹果在2005年发布了第五代iPod,配备了小小的2.7英寸显示屏,可以播放视频。2007年苹果又推出了可以播放视频的第三代iPod Nano,显示屏只有2英寸。

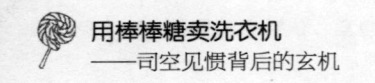

当然，消费者的喜好发生了变化，显然乔布斯的想法也是。

### 我们不需要增加新功能

2009 年 9 月，《纽约时报》专栏记者大卫·博格询问乔布斯，为什么苹果会选择给 iPod Nano 而不是 iPod Touch 配备摄像头。乔布斯解释说，iPod Touch 没有摄像头就可以压低价格，苹果是将 Touch 定位为一款价格实在的游戏产品。

但之后不久，破解公司 iFixit 拆开了 iPod Touch，发现为摄像头预留的内部空间。或许某一天，在市场需要的时候，苹果公司就会为 iPod Touch 配备摄像头。

## 从众心理

我们花这么多的口舌在苹果公司上，是想要搞明白它的产品为什么会那么成功，是想搞清楚苹果刚发布新品为什么就得到大量的预订？我想，苹果公司产品的成功，是多种条件和因素共同作用的结果，其中独特的创意和可靠的产品质量是最基本的保证，但是，除了这些因素，消费者的从众心理也对其成功起到了推波助澜的作用。苹果公司正是通过对消费者从众心理的利用，获得了巨大的成功。

从众指个人受到外界人群行为的影响，而在自己的知觉、判断、认识上表现出符合于公众舆论或多数人的行为方式。

一般地，某个个人的行为，通常具有跟从群体的倾向。当他发现自己的行为和意见与群体不一致，或与群体中大多数人有分歧时，会感受到一种压力，这促使他趋向于与群体一致的现象，叫做从众行为。

从众现象在我们生活中，比比皆是。大街上有两个人在

## 第四章 认知上的偏差

吵架，这本不是什么大事，结果，人越来越多，最后连交通也堵塞了。后面的人停了脚步，也抬头向人群里观望。

美国人詹姆斯·瑟伯有一段十分传神的文字，来描述人的从众心理：突然，一个人跑了起来。也许是他猛然想起了与情人的约会，现在已经过时很久了。不管他想些什么吧，反正他在大街上跑了起来，向东跑去。另一个人也跑了起来，这可能是个兴致勃勃的报童。第三个人，一个有急事的胖胖的绅士，也小跑起来。十分钟之内，这条大街上所有的人都跑了起来。嘈杂的声音逐渐清晰了，可以听清"大堤"这个词。"决堤了！"这充满恐怖的声音，可能是电车上一位老妇人喊的，或许是一个交通警说的，也可能是一个男孩子说的。没有人知道是谁说的，也没有人知道真正发生了什么事。但是两千多人都突然奔逃起来。"向东！"人群喊叫了起来。"东边远离大河，东边安全！""向东去！向东去！"

正是由于生活中有着不少从众的人，所以就有一些专门利用人们从众心理来达到某种目的的人，某些商业广告就是利用人们的从众心理，把自己的商品炒热，从而达到目的。生活中也确有些震撼人心的大事会引起轰动效应，群众竞相传播、议论、参与。但也有许多情况是人为的宣传、渲染而引起大众关注的。常常是舆论一"炒"，人们就易跟着"热"。广告宣传、新闻媒介报道本属平常之事，但有从众心理的人常就会跟着"凑热闹"。

不加分析地"顺从"某种宣传效应，到随大流跟着众人走的"从众"行为，以至发展到"盲从"，就属于一种不健康的心态了。人们应该尽量多一些独立思考的精神，少一些盲目从众，以免上当受骗。

如果说从众心理，是让人去"从众为之"的话，那么，"从众不为"的情况则叫做责任分散。

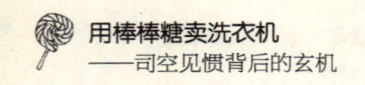

用棒棒糖卖洗衣机
——司空见惯背后的玄机

# 责任分散

在工作了一天以后,小韩收拾好办公桌上的物品后,乘坐电梯下楼。电梯比较大,里面有十来个人,小韩刚上去就看到有一个人的口袋里耷拉出一长串纸条,不清楚是什么东西。她正准备提醒那个人的时候,发现其他人也都在盯着那个人的口袋在看,于是便想,会有别人提醒他的,结果就是没有开口。事情的结果是,直到电梯到了地面,也没有人提醒那个人纸条的事情,后来也有人上来,也大都看到了那个人衣服口袋上耷拉的纸条,但都像小韩一样选择了沉默。

像这种"从众不为"的现象被称为责任分散效应,它是指对某一件事来说,如果是单个个体被要求单独完成任务,责任感就会很强,会作出积极的反应。但如果是要求一个群体共同完成任务,群体中的每个个体的责任感就会很弱,面对困难或遇到责任往往会退缩。因为前者独立承担责任,后者期望别人多承担点儿责任。像办公室的灯总是没人关,公司的公共事务总是鲜有人做,都是责任分散效应的体现。

这种责任分散的情况,有一个更为著名的例子:

1964年3月13日凌晨3时20分,在美国纽约郊外某公寓前,一位叫朱诺比白的年轻女子在结束酒吧间工作回家的路上遇刺。当她绝望地喊叫:"有人要杀人啦!救命!救命!"听到喊叫声,附近住户亮起了灯,打开了窗户,凶手吓跑了。当一切恢复平静后,凶手又返回作案。当她又叫喊时,附近的住户又打开了电灯,凶手又逃跑了。当她认为已经无事,回到自己家上楼时,凶手又一次出现在她面前,将她杀死在楼梯上。在这个过程中,尽管她大声呼救,她的邻居中至少有38位到窗前观看,但无一人来救她,甚至无

一人打电话报警。这件事引起纽约社会的轰动，也引起了社会心理学工作者的重视和思考。人们把这种众多的旁观者见死不救的现象称为责任分散效应。

对于责任分散效应形成的原因，心理学家进行了大量的实验和调查，结果发现这种现象不能仅仅说是众人的冷酷无情，或道德日益沦丧的表现。当一个人遇到紧急情境时，如果只有他一个人能提供帮助，他会清醒地意识到自己的责任，对受难者给予帮助，如果他见死不救会产生罪恶感、内疚感。而如果有许多人在场的话，帮助的责任就由大家来分担，造成责任分散，每个人分担的责任很少，旁观者甚至可能连他自己的那一份责任也意识不到，从而产生一种"我不去救，有别人去救"的心理，造成"集体冷漠"的局面。

要避免责任分散效应发生作用，就要做到落实责任，让事情明确到人。然而，很多事情是没法落实责任的，由此也就出现了一系列的社会难题。堵车问题，可谓是当今社会人们的一大烦心事，其中就有责任分散的"功劳"。

某一天的上班高峰时间，老李驾驶着自己的汽车去公司，他觉得今天的路是分外地堵，平时10来分钟的路程，今天已经耗了半个多小时，依然只能是在路上挪动着，他心想前面可能是发生了交通事故，但又没有别的路可选择，于是只能继续忍耐。又过了10多分钟，老李终于见到了"事故现场"，原来在这条宽度有限的道路上，平平展展地"躺"着一块海绵垫，海绵垫占去了很大的一部分路面，剩下的路面只够允许一辆车经过。

老李心想原来就是这块海绵垫导致今天路上堵了这么久，有心停车下来，将海绵垫拖到马路外边。但听到后面的车的喇叭声，又一想自己已经走了过来，前面的路很通畅，也没必要来拖走这块海绵垫了。

我们可以想象，像老李这样想的司机一定不少，但就是没有一个人下来这么做，最终导致更多的车在路上堵了更多的时间。

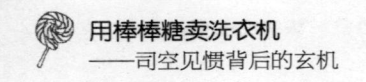

## 堵车问题的背后

当然了，现实中的堵车原因不会这么简单，也较少出现长时间如此堵车而无人理会的情况。但是，不得不承认，好奇心、责任分散、逆行、串道、早晚高峰占用公交车道等利己自私的人为原因，是造成堵车的主要根源。

随着城市化进程的加快，各种城市病随之而来，堵车犹如现代城市的痼疾，始终无法治愈。尽管城市道路越修越宽，立交桥越架越高，堵车却依然故我。为什么政府兴建了那么多道路，却还是有那么多的车"无路可走"呢？

堵车，与私人汽车发展太快而道路建设跟不上有很大关系，不过，堵车最根本的问题在于作为公共品的道路使用、占用、收费安排与分配上。一般的公共品被大家共同享用，一个人的享用并不妨碍他人享用，比如路灯。但道路是一种特殊的公共品，一方面它具有公共品的特性，一条路修好了，所有的汽车都可以使用；但一条道路为一辆车使用后其他车则不能使用，道路的使用在某个时点上都是唯一的。正是这种道路使用的唯一性，对道路使用、占用及收费的分配也就决定了道路的堵塞程度。上下班高峰时期，人人都按捺不住往前挤，图一时之快，结果就像螃蟹缠在一块儿，谁也走不了。

北京京昌高速在回龙观小区边上有一个入口，车辆要进入高速首先要通过一座二车道对流的桥，桥到入口仅1公里。如果两条车道能够有秩序对流行驶，车流量最大时车辆也可以在10分钟内走完这段路。实际上，每天早高峰时出行车总会占上三车道，而入行车最后连一条车道可能都无法使用。入行车无法行驶，出行车最后也无法通行，就出现整座桥的道路根本

无法行驶的僵局。正是这1公里路,如果时间段不合适,花上1个小时才能够通过也成了常事。

哈丁在《公共地的悲剧》中说:"在信奉公共地自由化的社会中,每一个人都在追求各自的最大利益,这正是灾难所在,毁灭的是所有人的目的地。"要使公共地免遭毁灭,最重要的是制定有效的规则,让使用者都按规矩行事,解决堵车问题也是一样的道理。那就是要在建路建桥的同时,不能忘记了建立制度,通过制度的制定和执行,才能让路顺畅起来;纵使堵,也堵得让人"心悦诚服"。

解决堵车问题,应该采取怎样的措施,人们提出了各种想法,也将一些想法形成规则,试图解决堵车这个问题。单双号限行、"5日制"轮号限行等限行措施就是这方面的尝试,但这样做合理吗?

## 限行并非最佳决策

北京举办奥运会期间,政府决定单双号限行,即从2008年7月20日起,北京正式开始实行为期两个月的限行政策。之后,不少省市也纷纷效仿北京的做法,希望通过单双号限行来改善交通拥堵状况。但是,效果似乎并没有预期的好,到了上下班高峰期,老地点堵车的情况依旧如故。

为什么限行之后,依然堵得厉害呢?

单双号限行会将闲置的车的库存挖掘出来,导致路面拥堵情况变化不大。根据统计,截至2009年12月18日,北京市机动车保有量突破400万辆。这是一个什么概念呢?

北京二环路全长为32.7公里,双向共6车道,如果按照一辆小汽车4.5米长计算,二环路全排满可容纳近4.36万辆车。同理,三环路可容纳

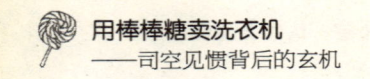

6.4万辆车；四环路可容纳约11.61万辆车。三条环路排满也只能容纳22.37万辆车，仅占400万辆的5.6%。也就是说，北京市每100辆车中如果有6辆车同时上了这3条环路，3条环路就将处于瘫痪状态。

限行以后，有着多辆车的家庭，就会换着开那些先前本来闲置起来的车，所以，限行政策并不能很好地解决问题。

另外，单双号限行只是一时限制了汽车的数量。短期内，人们有可能看到汽车流量减少，时间长了，反而会刺激汽车的消费和使用。根据统计，北京机动车保有量从2300辆到100万辆用了48年时间。2003年8月、2007年5月，保有量先后突破200万、300万大关，分别用时6年半和3年9个月。而从300万辆到400万辆，仅用了两年7个月。若是长期实行限行政策，必然会加快机动车保有量的增加。

更重要的是，限行在改善交通方面收效有限的同时，还不利于提高汽车的使用率。根据经济学的理论，某样产品在需求一定的情况下，应当是使用率越高越好。同理，汽车也应如此，否则就是社会资源的浪费，并且，私家车的使用效率越高，才越有利于社会资源的充分利用。单双号限行政策，恰恰阻碍了汽车的使用。在长期内，它不可能改变和降低整个社会总的用车需求，却会降低每一辆车的使用效率。

单双号限行以奥运为契机进行了试验与改善，在奥运结束后，北京市又推出了"5日制"轮号限行。虽然形式上与单双号限行有变化，但从经济学角度看，交通资源与汽车资源还处在不断的博弈中，从经济学的观点出发，限行措施并不是完美的解决方案，是不是还有更好的解决方法呢？

有的专家也提出："单双号限行只是一种城市治堵方法，不一定是最好的，还可以补充其他方法，比如像新加坡、日本收取拥堵费、提高停车费，像韩国、美国减少公车、提供班车，或者提高车辆的排放标准，这些都是可以借鉴的。"

北京市已经于2010年4月1日起，大幅提高了重点区域非居住区的停车费标准，目的主要是在于发挥价格杠杆的调节作用，调节交通流量，缓解重点地区交通拥堵，鼓励市民选择公共交通工具出行。

解决堵车问题的另外一个思路,就是提倡大家减少私家车出行,改乘其他公共交通工具,这符合我们现在所倡导的低碳经济概念。然而,现实的问题是,公交运力有限,公交车也会遭遇堵车不说,拥挤的公交车着实让有车一族退避三舍,尤其是公交车的门口,那更是怎一个"挤"字了得。

## 拥挤的公交车门口

在网络上,一度流传着关于北京、上海、广州等地的公交、地铁拥挤状态的帖子,网友在帖子里"绘声绘色"地描述着如何被挤上车,又如何被挤得无法动弹,看似笑话却包含许多无奈。无论是地铁,还是公交,上下班高峰时车内拥挤确是事实,但车厢内部的拥挤状况显然比不了门口。

为什么公交车的门口总是拥挤不堪呢?

这首先是由稀缺性造成的。对于要乘坐公交车上班的人们来说,在恰当的时间点上了车才能不迟到,而大多数人的上班时间是比较集中的,这就必然导致在早高峰的时候"人多车少",车内自然便会拥挤,作为车内的门口,当然也会很挤。但这并不是门口比车内更挤的理由。

其次,这涉及到一个责任分散的问题。对于已经挤上公交车的人来说,既然不"妄想"去找座位坐下来,那么,站在哪里都是一样的,于是一旦上了车以后,就没有那么大的"挤车"动力了,于是在挤上门口后,就不再那么费力地往车厢内部去挤。所以,门口总是越来越挤。并且,大多数的人都觉得没有必要在较宽松的环境里故意"挤成一团",来为门口腾出空的地方。

再次,正是因为车内很挤,所以准备下车的人就不敢太往车厢内部走,因为在拥挤的车内,想要下车也不是那么容易的事情,于是就会选择站在门口,或是离门口较近的地方。这样,结合前面的原因,就会在公交车的门口周围,形成了一个密实的拥挤圈。门口越是拥挤,新上车来的人也就越是不会突破这个"拥挤圈",进入到车厢内部,最终形成了一个"从众"的氛围。

最后,堵车问题与公交拥挤情况相互作用,互为条件形成恶性循环。路上发生拥堵以后,公交车到达车站自然会变得缓慢,于是更多的人在焦急的等待后,在终于见到一辆进站的车后,一定会想方设法地挤上去。公交停车时间增长,越发增加堵车的严重程度。在北京一些较大的公交车站,就经常看到公交车几分钟都无法停靠在站,或者是车内无法装下站台上所有的人,最终僵持在那里无法驶出的情况。不得不提的一点是,公交车的堵车和拥挤问题,很重要的一个原因是,许多普通社会车辆在早晚高峰时段,占用公交车道造成的。

在解释公交车的门口为什么如此拥挤的问题上,还可以从其他的一些角度出发,只要是能够说清楚道明白其中的原委即可。然而,要注意的是,不能似是而非,把一些想当然的东西当成理由。现实中,就有许多情况都是似是而非,真假难辨,你在这样的说辞面前能够保持足够的清醒吗?

## 第五章

## 真的假不了，确实如此吗

　　有的人相信命运，有的人笃信星座，产生这种情况的原因是什么？同样一件事情，有的人举出了证明它的证据，也有的人提出了反驳它的理由，为什么出现这种公说公有理婆说婆有理的现象？真真假假的世界里，都有哪些因素起着决定作用？

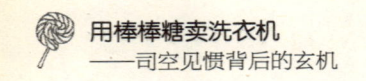

## 算命的"复兴"

你一定见过路边有人摆个小摊儿,就开始了算命的营生,时不时地有人驻足停留,并有一些人在那里开始问卦求签,想要算一算自己的命运吉凶、婚嫁姻缘。如果是在香火旺盛的寺庙里,算命就更是"登堂入室",很多人都趋之若鹜,想从算命先生那里得到一两句"箴言",从而以此为指导走上人生的坦途。

很多人请教过算命先生后都认为算命先生说得"很准"。这是怎么一回事呢?下面一段话是心理学家使用的材料,你觉得是否也适合你呢?

你很需要别人喜欢并尊重你。你有自我批判的倾向。你有许多可以成为你优势的能力没有发挥出来,同时你也有一些缺点,不过你一般可以克服它们。你与异性交往有些困难,尽管外表上显得很从容,其实你内心焦急不安。你有时怀疑自己所作的决定或者所做的事是否正确。你喜欢生活有些变化,厌恶被人限制。你以自己能独立思考而自豪,别人的建议如果没有充分的证据你不会接受。你认为在别人面前过于坦率地表露自己是不明智的。你有时外向、亲切、好交际,而有时则内向、谨慎、沉默。你的有些抱负往往很不现实。

这其实是一顶套在谁头上都合适的帽子。如果你是一个容易接受暗示的人,就会在这样的说辞面前,对算命先生佩服得五体投地,觉得他点到了你的穴位,是你真正的"知音"。这种容易受到来自外界信息的暗示,从而出现自我认知的偏差,认为一种笼统的、一般性的人格描述十分准确地揭示了自己的特点的心理倾向,被称为巴纳姆效应。

有位心理学家曾经针对巴纳姆效应做过一个实验,他给一群人做完明

尼苏达多相人格检查表后，拿出两份结果让受试者判断哪一份是自己的结果。事实上，一份是参加者自己的结果，另一份是多数人的回答平均后的结果。受试者竟然认为多数人回答的那份检查表更准确地表达了自己的人格特征。著名的杂技演员肖曼·巴纳姆在评价自己的表演之所以受欢迎时，就指出自己的节目中包含了每个人都喜欢的成分，所以他使得"每一分钟都有人上当受骗"。

觉得算命先生的话"很准"的原因，就是巴纳姆效应在自己身上发挥了作用。在人们认识自我的时候，容易被共性欺骗。人很容易相信一个笼统的、一般性的人格描述，即使这种描述十分空洞，仍然认为它反映了自己的人格面貌。

那些求助算命的人本身就有易受暗示的特点。当人的情绪处于低落、失意的时候，对生活失去控制感，于是，安全感也受到影响。一个缺乏安全感的人，心理的依赖性也大大增强，受暗示程度就比平时更强了。加上算命先生善于揣摩人的内心感受，稍微能够理解求助者的感受，求助者立刻会感到一种精神安慰。算命先生接下来再说一段一般的无关痛痒的话便会使求助者深信不疑。

## 流行的星座说法

与算命的"复兴"相似而又有所区别的是，近些年来流行的星座说法，尤其在年轻人中间，如果不知道星座为何物，搞不清楚星座的性格特点和星座姻缘配对的"常识"，则会被同龄人看做是"Out"了的表现。

我们知道，星座是天文上的一个概念。在我们地球以外有浩瀚宇宙，出于认识宇宙的方便，也由于历史传统的顺延，一些天空的区域被人为地分

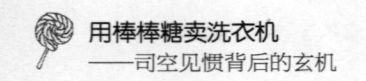

成88个星座。这些星座的"命运"各个相同,可以说其中的大部分都不能入了我们普通人的法眼。我们现在流行的星座学说中涉及到星座,都是会经过地球黄道平面上的星座,这些星座被关注时来已久,起码有两千年的样子,就是通常所说的12星座。

人们根据不同月份(具体到日期)里各个星座所在位置的情况,来把地球上的具体日期划分到相应星座里去,尤其是认为,一个人出生的时候,受到相关星座的影响极大,所以认定其性格、个性特征都会受到此星座影响。这也就是,我们通常所说的某一个人属于某一个星座的原因。根据古代人的观察,对星座和具体日期有一个确定的划分,这是星座学说最开始传入我国时的样子。

到了后来,情况有些变换,有人提出来,随着宇宙的运动,原先确定的星座日期早已经不准确,所以给出了所谓的订正,并重新分配了12个星座的日期范围。不过有一点比较奇怪的是,现如今,进入地球黄道平面的星座是13个星座,而不再是12个,但"新版"的星座划分依然保留12个旧有星座,却没给"新入伙"的蛇夫座半点空隙。

其实,将星座知识介绍到这里,很多人就开始明白了所谓的星座学说,关于某一星座的人的个性、性格分析是很难靠谱的。尤其是很多人一开始觉得自己是某一个星座,觉得相关的星座说明都很符合自己的情况;但到了后来,却发现自己所认定的星座却"被改变",有趣的是,有些人去看自己的"新星座"的说明时,发现和自己更加相合了,甚至还开始觉得自己曾经有过的疑惑得到了解释:"难怪以前的某一条说明不怎么准确呢!""难怪自己的某一个特点以前没发现呢,现在在新星座的说明里不就找到了吗!"等等,不一而足。

然而,不管你怎么想,又或者你会很"固执"地坚持原来的星座,但是,所有的情况都说明了一个问题,关于星座的性格分析是并不科学的。一个最有力的反驳便是我们上面提到的:蛇夫座哪里去了?

这么说,有些人还是不肯信服的,因为他们也有非常重要的证据。他们能够证明,自己的性格特征与相对应星座的介绍说明完全一致,起码他们

## 第五章 真的假不了，确实如此吗

是这么认为的。难道星座说明真的有这么神奇吗？答案当然是否定的。

几乎所有的星座说明里，都是正反两方面形容的集合。也就是说，对一个人性格的评价，总是会出现两种截然相反的观点。通常情况下，人们总是找到那些描述自己相像的部分进行自我证实，而把那些描述不符的地方统统忽略。

关于星座说明，并不只有一个确定的版本，各个版本之间有其相似处，但有出入的地方这一点却更为重要。很多时候，人们觉得星座描述是那么准确，就是因为他总是会找到最符合自己的那个描述抓着不放，而不肯去看一个自己认为与个性相背离的说明。

这样的情况，可以用心理学上的易得性偏差来进行概括。也就是说，在同样的一段文字里，我们在阅读的过程中，更容易抓住那些与自己符合的部分，而自觉地忽略那些不符的文字，也可以说是人们习惯"证实检验"，而不喜欢进行"证伪检验"。至于选择符合自己版本的说明，舍弃不符的版本，也是喜好"证实"在作怪，也是因为"证实"更为"易得"。

一个相信星座说法的人，可能会这样反驳："我身边的大多数人都相信星座，并认为星座介绍里的内容与自己的情况非常相符。这又如何解释呢？"

实际上，这同样是易得性偏差发生作用的结果。一个相信星座的人，总是能够从其接触的人中，找到那些相信星座的人来支持其观点，因为这样做的时候，他便是在"证实"，这样做要更加"易得"。对于那些不相信星座的人，他在回忆的时候，会自动将它们剔除出去，要证明这个也很简单，你只要要求一个相信星座的人，以其亲戚为范围进行星座信任进行统计，就会发现其统计结果要远远低于他先前估计的程度。为什么在考虑自己身边的人，是否相信星座说法的时候，会得出错误的结论呢？原因同样在于，在思考这个问题的时候，相信星座的这个人只会为了"证实"而从"易得"的人群里选择代表，而不能真正客观地进行估计。

另外，还有我们常说的"物以类聚，人以群分"也在这里发生着作用。一些相信星座的人，可能会更容易组成自己的小圈子。纵使生活中的实际情

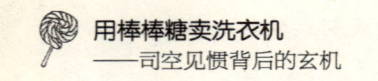

况要复杂得多,每个人的小圈子不可能只考虑这样的一个简单因素。但在涉及到考虑是否相信星座这件事的时候,一个人会不自觉地只将这个特定圈子里的人看作自己身边的人。因为,在想这个问题的时候,那些同样相信星座的人更加"易得",更容易在脑子里一下子就唤醒他们对于星座态度的记忆。

易得性偏差,一方面让我们只注重与自己性格相符的文字部分加以关注,而忽略其他文字;另一方面,也让我们在看到文字描述后,只关注自己性格中的特定方面,而忽略掉性格中的其他方面。也就是说,一个人的性格特征本来就是具有多面性的特点,不可能用一种极端、绝对的形容来加以概括,星座说明中只要出现和我们性格有所吻合的情况,我们就很容易认定其"预言"的准确,而忘了自己本来是多么丰富。

当然了,星座学说之所以能吸引这么多人来关注,并且还能"坚信不疑"地认为它是真的,那是和其比较有技术性的描述有关的。在任何一个星座的说明里,都有相当大的一部分内容,是关于整个人类的通用的性格特征的阐述。所以,在任何一个人看来,都会觉得其描述是相当精彩而准确的。

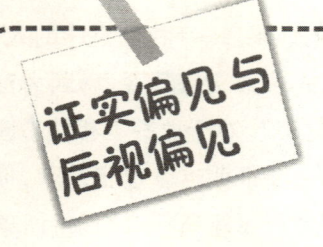

## 证实偏见与后视偏见

无论是算命,还是星座说法,之所以有人相信或是觉得其中有正确的地方,就是证实检验在作怪。像这种过分关注支持自己判断和决策信息的现象,被称为证实偏见。

证实偏见表示,人们普遍偏好能够验证假设的信息,而不是那些否定假设的信息。当我们在主观上支持某种观点的时候,我们往往倾向于寻找那些能够支持我们原来的观点的信息，而对于那些可能推翻我们原来的观点的信息往往忽视掉。

证实偏见是普遍存在的。比如，我们讨厌某个人，那么，我们就会下意识地关注这个人的不良表现或负面消息，用以证明这个人确实不招人喜欢，而且越来越讨厌；在工作中，如果我们赞同某个方案，特别是那些自己提出的方案，也会举出众多理由，数据的、图片的、事实的、分析的，来不断支持该方案，使其越来越正确。对某个人，对某部电影，对某个产品，甚至对某个种族，我们都容易陷入证实偏见的思维。

当然，"证实"并不是错误的，或者不必要的。关键是，证实只是事物面貌的一部分。如果只有证实，就难以存在全面的思考，很容易得出错误的结论。而如果能同时从"证伪"的角度看现象，从反面去思考，去质疑，结论会更加可靠，也会更接近真实。证实检验和证伪检验都可以给我们带来不少信息，但是正常人总是一味地习惯于做证实检验，而很少主动去做证伪检验。

比如你觉得丰田车不错，想买一辆丰田汽车，你去问那些买了丰田汽车的人，他们会告诉你丰田车好在哪里，这会让你越来越相信丰田汽车真的很好，这就是证实检验。但是，只向这些人询问意见是不够的，你还应该去问问那些可以买丰田车却没有买丰田车的人，问问他们为什么没有买丰田车，也许他们会告诉你他们不买丰田汽车的理由，从他们的口中你可以知道丰田汽车有些什么不足，这就是证伪检验。避免证实偏见最好的办法就是多做证伪检验。

除了证实偏见起作用，一些人对算命和星座说法的笃信，是因为有他们的现实经历作为支撑，他们会举出许多"应验"了的例子。比如，在23岁的时候，我的生活遇到了巨大的艰难，27岁的时候生活终于好转，我这个星座的人特别敏感等等。然而，我们发现，这种所谓的"应验"很多都是"马后炮"，即在事情发生以后才觉得自己（或别人）已经预测到会如此，这与人的大脑记忆过程有关。像这种认为事前就已经预测到，而事实上未必如想象的那样准确地做出预测的现象，被称为后视偏见。

有后视偏见的人总在事情发生以后觉得自己当时的预测就是对的，因此他们难以从经验中学习。后视偏见的存在让人们在事后总觉得自己早就可以预测事情的发生，因此难以用公平的眼光评价他人。

克服后视偏见的办法是，每当遇到重要的事情，在还不知道事情结果的时候，就把你对事情结果的预测写下来，还要写下你之所以如此预测的理由。一定要把你的预测写下来是因为在事情发生以后，你的记忆会欺骗你，只想得起来那些与事情的结果相符合的证据，而把当时的预测写下来就可以在事后看看自己预测得到底准不准。这个方法不仅可以让你发现自己的预测未必都是对的，也可以帮助你了解自己在哪些方面的预测比较准确，哪些方面的预测经常偏离事实。

证实偏见和后视偏见能够存在，并在人的身上得到不断加强，很重要的一个原因是一旦你那么想、那么认为的时候，你的行为就会受到影响，会自觉不自觉地往那个心目中所想的目标、方向去努力，去奋斗。这也就是为什么一个25岁的人听了算命先生说自己27岁的时候命运会好转后，就加紧努力奋斗，最终真的在27岁时让自己的境况发生了显著改变的原因。难怪有人说"命在天定，事在人为"呢。

第五章 真的假不了,确实如此吗

## 命在天定,事在人为

有这样一个"上帝拯救落水者"的故事:

麦克唐纳牧师生活在一个山谷里。40年来,他照管着教区里所有的人,施行洗礼,举办葬礼、婚礼,抚慰病人和孤寡老人。

突有一日,天降大雨,洪水猛涨,老牧师爬上了教堂屋顶。正在他浑身颤抖之际,有人划船飞驰而来,对他喊道:"快上来,我带你离开这里。"

牧师看了看他,回答道:"40年来,我一直按照上帝的旨意做事,施行洗礼,举办葬礼,抚慰病人和孤寡老人。我一年只休一个星期的假期,而在这一个星期的假期中,我去了一家孤儿院帮助做饭。我真诚地相信上帝,因为我是上帝的仆人。因此,你可以驾船离开,我将停留在这里,上帝会救我的。"

那人划着船离去了。两天之后,水位涨得更高,老牧师紧紧地抱着教堂的塔顶,水在他周围打着旋。这时,一架直升机飞来,飞行员对他喊道:"神父,快点,我放下吊架,你把吊带在身上系好,我们将带你到安全地带。"

老牧师回答道:"不,不。"他又一次讲述了他一生的工作和他对上帝的信仰。这样,直升机也离去了。

几个小时之后,老牧师被水冲走,淹死了。

他对自己最后的遭遇颇为生气。而见到上帝时,上帝更是惊讶,上帝喊道:"麦克唐纳神父!多令人惊奇!"

老神父凝视着上帝,说:"惊奇?40年来,我遵照你的旨意做事,有过之而无不及,而当我最需要你的时候,你却让我被水淹死了!"

上帝回望着他,迷惑不解地说:"你被淹死了?我不相信,我确信我给你

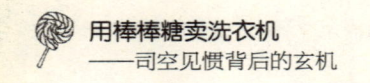

派去了一条船和一架直升机。"

　　这个故事告诉人们，生活里充满各种机会，关键是自己是否能够主动去发现和抓住它们，而不能是一味地等待与依赖。很多人就是在想象着自己拥有好"命"，而在"事"的面前缺乏行动，最终只能拥有一个惨淡的人生。我们常听到有人感叹："我不是一个幸运的人，没有好运。"实际上是他们忽略了自己身边的机会，就像那个老牧师一样，不理会船和直升机对他意味着什么，这才是真正的悲剧。

　　个人的成功或是人生的幸福，一方面确实要看"天"怎么样，它代表的是社会环境状况如何，好的社会环境确实有利于个人的成功和人生的幸福；还要看"命"怎么样，它代表的是自己的社会处境和拥有的各种资源条件，这些基础对个人成长、成功都起着基础性的作用。但另一方面，也是更为重要的是要看自己的行动，它代表的是一个人付出多少努力。一个人的梦想、期待，是否能够实现，能够实现多少，很关键的一点是看自己在实现梦想的道路上付出多少汗水，为了让期待的事情得以实现，从而努力最终如愿以偿，这本身就是期待效应发挥作用的结果。

　　个人的成功如此，其他方面亦如此，尤其是两性感情问题，很多情况下，都是你怎么想、怎么努力，最终就出现怎样的预期结果；如果你一开始就想着"八字不合"，接下来互相挑刺，最终结果当然不会好到哪里去。

## 星座相配与八字不合

　　我们前面讲过，现在很多人都笃信星座的说法，在两性姻缘配对问题上，星座相配似乎也成了一种时尚追求。这与过去人们在男婚女嫁问题上必讲"八字"是一样的道理。

## 第五章 真的假不了，确实如此吗

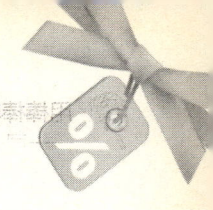

现实中，也确实见到这样的情况，一对星座相配的夫妻或是男女朋友，能够在性格上实现互补，日子过得有滋有味。出现这样的结果，真的是冥冥之中的星座搭配起了作用吗？还是另有其他的原因？

其实，对于相信星座的两个人或是其中一方笃信星座，那么在姻缘配对这个问题上，就先入为主地接受了对方的一些性格特征，在日后的接触中，通过自我暗示和暗示对方，就越发会加强星座描述里的那种性格特征，最终形成一个强有力的磁场，爱情的双方越发觉得合适星座的搭配让他们如此幸福。

另外，在婚姻或爱情里，一方对待另一方的态度、方式，本身决定了另一方对待自己的态度与方式。有一种说法是，人看到的始终都是自己，要想别人怎么对待你，首先就要以这样的方式来对待别人。这方面，有一个有趣的故事：

有一位老人静静地坐在一个小镇郊外的马路边。一位陌生人开车来到这个小镇，看到了老人，停下车询问老人："老先生，请问这个镇上的人属于哪类人？我正在寻找新的居住地。"

老人看了陌生人一眼，反问道："你能告诉我，你原来居住的那个小镇上的人是什么样的吗？"

陌生人说："他们都是一些毫无礼貌、自私自利的人。住在那里简直无法忍受，根本没有快乐可言，这正是我想搬离那里的原因。"

听了对方的话，老人说道："先生，恐怕你要失望了，这个镇上的人和他们完全一样。"陌生人听后怏怏地开车离开了。

后来，另一位陌生人来到这个镇上，向老人提出了同样的问题："住在这里的是哪一种人呢？"

老人也用同样的问题来反问他："你现在居住的镇上的人怎么样？"

陌生人回答："住在那里的人非常友好，非常善良。我和家人在那里度过了一段美好的时光，但是，我因为工作的原因不得不离开那里。我希望能找到一个和以前一样好的小镇。"

老人说："你很幸运，年轻人，居住在这里的人都是跟你们那里完全一

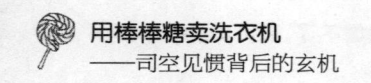

样的人。你会喜欢他们的,他们也会喜欢你。"

为什么同样的问题,会得到完全不同的答案呢?这是因为"世界是一面镜子,每个人都在其中看到自己的影像"。你喜欢别人,别人也会喜欢你;你不喜欢别人,别人也不会喜欢你。

这么说来,正是因为相信,因为付出,才让相合的星座最终享受幸福的婚姻,这也就是所谓的"因为爱,所以爱"。当然了,爱是如此,恨也一样,"因为恨,所以恨"。

一对星座不搭配,或是八字不合的冤家,由于某种原因结合成夫妻后,可能会为鸡毛蒜皮的生活小事吵闹,这时,心里本来就存在的芥蒂,趁机复活而扩大了。妻子觉得丈夫太懒惰,大男子主义,总之就是一百个不顺眼,丈夫也嫌妻子不够温柔贤惠,脾气过于暴躁,一点都不淑女。这数也数不清的毛病被相互"揭发"出来,用来"酝酿"两个人爆发冲突的炸弹。

别说是每个人难免都存在这样那样的毛病了,就是没有毛病,也能给你找出毛病来。正所谓"骨头里挑刺",关键是你是否会抓着不放。

我们知道,同样一种性格或特点,可以被评价为完全不同的褒义和贬义。全身心投入工作可以被称做不顾家,大男子主义与男子汉气概可能难分彼此,小鸟依人都可能被说成是依赖性过强。所以说,有没有问题和问题是怎样的,与你看问题的角度和心态很有关系,并且与你是找证据支持观点来"证实",还是一门子想着反驳对方而坚持"证伪",这些都有着很大的关系。

## 期待效应

我们经常听到这样的说法:"说你行,你就行,不行也行;说你不行,你就不行,行也不行。"这便是心理学上的期

待效应，它是指一个人心中怎么想、怎么相信就会如此成就。从某种程度上来讲，当一个人有了天才的感觉，他很有可能就会成为天才；当一个人有了英雄的感觉，他也很有可能就会成为英雄。

期待效应，又称皮格马利翁效应、罗森塔尔效应，是由美国著名心理学家罗森塔尔和雅格布森在小学教学上予以验证提出的。

实验是这样进行的：他们提供给实验学校一些学生名单，并告诉校方，他们通过一项测试发现，名单上的学生是天才。只不过尚未在学习中表现出来。事实上，这些学生只不过是从学生的名单中随意抽取出来的。有趣的是，在期末的测试中，这些学生的学习成绩真的比其他学生高出了很多。

研究者认为，这是教师期望发生作用的结果。由于有了心理学家的"鉴定"，教师就真的认为这些学生是天才，因而寄予他们更大的期望，在上课时给予他们更多的关注，通过各种方式向他们传达"你很优秀"的信息。学生感受到教师的关注，受到激励，学习时就加倍努力，因而取得了好成绩。

与上面的实验相反，心理学家对少年犯罪也进行了研究。结果发现：许多沦为少年犯的孩子都曾受过不良期望的影响。他们因为小时候偶尔犯过的错误而被贴上了"不良少年"的标签，这使得家长和老师们用一种异样的眼光来看孩子，认为孩子"无可救药"，对他们失去了信心。同时，孩子们也会因为这种消极的期望，越来越相信自己就是"不良少年"，于是破罐子破摔，最终走向犯罪的深渊。

曾获诺贝尔经济学奖的迈克尔·斯宾塞在哈佛大学读博士的时候，观察到一个很有意思的现象：很多MBA的学生在进哈佛之前很普通，但经过几年哈佛的教育再出去，就

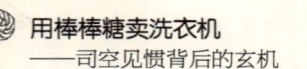

能比教授多挣几倍甚至几十倍的钱。这使人禁不住要问为什么，哈佛的教育难道真有这么厉害吗？斯宾塞研究的结论是：教育不仅仅具有生产性，更重要的是教育具有信号传递的作用。也就是说，每一个人都存在巨大的潜能，只要潜能得到发挥，每一个人都可以成为天才。

在现实生活中，我们可以见到这样的情况：父母对子女的期待，老板对员工的期待，朋友对自己的期待，妻子对丈夫的期待，都会对被期待的一方产生有形无形的作用力。通过采取正面的积极鼓励和赞许，被期待的一方就会充满干劲，最终向着期待的方向前进。大多数情况下都能取得较好的结果，纵使结果不那么理想，也要比没有赞许的期待要好得多。

期待效应为什么能够产生这种奇妙的效果呢？这是由于期待效应会产生积极的心理暗示，而积极的心理暗示是一个人梦想成真的基石。期待、赞美和信任具有一种巨大的能量，它能够改变人的行为。当一个人获得另一个人特别是权威人物的期待、赞美与信任时，他就会不自觉地接受这种影响和暗示，会感觉到自己获得了巨大的社会支持，从而变得自信、自尊、自强，并从中获得一种积极向上的动力，尽力达到对方的期待，全力避免让对方失望，从而最大限度地发挥了自己的潜能。

很多人的成功，都是因为在别人的期待下激发出了巨大的潜能，与此相反，很多人之所以是笨蛋，就是因为他们一直把自己当成一个笨蛋，或他们身边的"权威人物"们一直把他们当成笨蛋。消极的心理暗示，使人深深地陷入了自卑的泥潭，如果能够得到别人的肯定，纵使自己本身很笨，也可能会发挥出无限的潜能。

## 自我期许的力量

如果一个教师认为某个学生是可塑之材，通过对其重点的关注和培养，最终使其确实取得了不错的成绩，这就是我们前面讲到的期待效应的积极作用例子。如果这位教师觉得某个学生没有培养的必要，对他采取放任不管的态度，而那个学生在挫折中也相信了自己的确不是一块学习的材料，然后不好好学习，结果教师的预言果真应验了，这个学生真的一事无成，这就是我们前面提到的期待效应的消极作用例子。两者都说明了一个结论，也就是说别人的期待会影响自己的做法。

然而，也存在另外一种情况。如果这个不被教师看好的学生，能够做到对教师的预言不予理睬，反而在其不认可的目光中奋起直追，用实际行动证明自己是可塑之材，并最终取得成功并赢得了社会的尊敬，这则是自我期许的力量在发挥作用。这种自我期许的力量发挥作用的现象，是期待效应的另外一个方面，也被称为加勒提亚效应。

加勒提亚效应的存在，说明自我期许的力量比别人的期待对一个人的作用更大。在某种程度上讲，你对别人的期待的确是影响其表现的关键因素，然而这种期待的作用毕竟是有限的，并不是谁都会因为你的期待而朝着你希望的方向去努力，或者是激发出巨大的潜能。

比如，一个胆小而且又不善社交的年轻姑娘总是被周围的人故意当做社交的宠儿，按照别人对她的期许，她应该在周围鼓励的氛围中渐渐在产生自信，变得大胆开朗。但是如果她本人并不相信自己能够在社交场合应付自如，那么即使周围的来自各方的期许再多、再真诚，她还是不能成为社交专家。

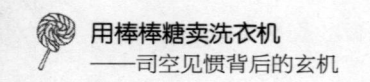

这就表明，他人的期待只能发挥有限的影响和作用，真正能够起到强烈影响的因素是使其本人产生自我期许的力量。

一个人有了自我期许的力量，就会拥有目标、热诚、活力，是个人进步的推动力和催化剂。但同时要注意，自我期许本身可能会有副作用。如果一个人的自我期许太高，不容易达到，又缺乏技能将目标分解成适当步骤；或是执行不彻底，很可能引发挫折感，至终丧气失志，对自身信心反而造成严重打击，降低了成功的概率。自我期许太高，也可能驱使自己成为自己的苛刻工头，明明是一般资质，却催逼自己达到天才的境界，虽然努力终生但收效有限，人生也自然没什么快乐可言。

期待效应发挥作用的现象在生活中到处可见，一个例子便是股市中的行情变化。一个人预言说投资与互联网有关的股票能赚很多钱，一些人相信了，买进与互联网有关的股票，所以那些股票涨了，接着更多的人相信了这个预言，买进与互联网有关的股票，那些股票涨得更多了。这个预言实现了。后来又有另外一个预言说投资与互联网有关的股票会亏本，一些人相信了，卖出与互联网有关的股票，所以那些股票跌了，接着更多的人相信了这个预言，卖出与互联网有关的股票，那些股票跌得更多了。那个预言于是也实现了。在这种情况下，无论是股票的涨跌，都是期待效应在其中发挥作用。然而，是否总能利用期待效应，让股票的涨跌合上语言，从而实现股市中的稳赚不赔呢？

## 冷眼看股市

股市里当然不存在"稳赚不赔"的神话，就是那些号称"股神"的人，也都是有赚有赔，区别只在于赚多赔少，还是赚少赔多罢了。需要特别注意的

是，在期待效应发挥作用的过程中，你是否能从上涨的行情中获得收益，而你又是否能够在下跌的行情里减少损失呢？

在"炒股"的时候，最忌讳的便是随大流，最终成为羊群效应的牺牲者。羊群效应就是我们前面讲过的从众心理，不过含义的偏重点有所不同。羊群效应是指，在一个行业中，如果有一个领头羊占据了主要的注意力，那么整个羊群就会不断模仿这个领头羊的一举一动，领头羊到哪里去吃草，其他的羊也去哪里吃草。股市中的羊群行为，是指投资者在交易过程中存在学习与模仿现象，从而导致他们在某段时期内买卖相同的股票。

股市中的羊群行为，本质上是出于归属感、安全感和信息成本的考虑，如小投资者会采取追随大众和追随领导者的方针，直接模仿大众和领导者的交易决策。在股市上，由于信息的不对称，个体无法从有限的股价信息中做出合理的决定，从众就是其理性行为。虽然这种理性含有不得已的意味，但股市的羊群行为经常是以个体的理性开端的，通过其放大效应和传染效应，跟风者们渐渐表现出非理性的倾向，进而达到整体的非理性。所以问题的关键是，你是在"合适的时间"进入（或退出）的吗？

凯恩斯在他的"股市更大笨蛋"理论中指出："从事股票投资好比参加选美竞赛，谁的选择结果与全体评选者平均爱好最接近，谁就能得奖。因此每个参加者都不选他自己认为最美者，而是运用智力，推测一般人认为最美者——哪怕你认为她丑得不堪入目。"

更大笨蛋理论实际上是说，你之所以完全不管某个东西的真实价值，即使它一文不值，你也愿意花高价买下，是因为你预期有一个更大的笨蛋，会花更高的价格，从你那儿把它买走。投机行为关键是判断有没有比自己更大的笨蛋，只要自己不是最大的笨蛋，就是赢多赢少的问题——如果再也找不到愿出更高价格把它从你那儿买走的更大笨蛋，那你就是那个最大的笨蛋。

当股市炒作过度时，也就是达到了"非理性繁荣"的鼎盛期。如果此时你才进入，就必然成为那个最大的笨蛋，成为羊群效应中的牺牲者。当然，你在不应当离开的时候，随大流地选择逃离，也就成了羊群效应中的"可怜

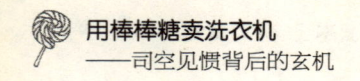

鬼"了。

　　当然,我们建议你在股市中不随大流,是指作为清醒的投资者,不能没有自己的主见;而非要你逆行情而动,做与其他人完全相反的事情。这是由于在股市中,还存在着另外一种现象,那就是马太效应。

　　马太效应在股市中也发挥着神奇的作用,在牛市行情中,个股之间都会出现两极分化现象。其中的强势个股,始终强者恒强,当强势股股价涨高时,投资者越是不敢追涨,强势股越是继续上涨。而弱势股常常弱者恒弱,投资者越是认为弱势股调整到位该涨了,弱势股越是没有像样的表现。等到弱势股终于开始补涨,强势股也出现回调时,牛市往往已经告一段落,丰厚的主升浪行情已经结束,投资者这时再进入股市,无异于羊入虎口。

　　股市中为什么会出现马太效应呢?这是由于在强势行情中,主力为了营造局部热点,并且维护热点的凝聚力,常常会用重磅资金对热点进行反复"轰炸",使个股之间的比价差距越拉越大。许多投资者贪图冷门股的便宜,于是纷纷在冷门股上抄底,结果,冷门股在大势走好时,不能跟着上涨,在大势回调时,反而与大势一起下跌。民间有句俗话说:"便宜没好货,好货不便宜。"针对股市的"马太效应",投资者有必要树立正确的投资理念。

# 第六章
## 偏离还是回归

现实中,是否有人评价你过于自信,你又总是不以为然呢?实际上,过于自信是绝大多数人的一个普遍特点,只要你将它发挥在正确的地方,就是利大于弊。当然,你的过于自信一旦越界,就可能为你带来损失。不只是过于自信,你的很多态度、方法、观点,都可能偏离本来应该处在的位置,你是否意识到应该让它们回归正常的位置呢?

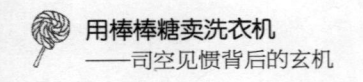

**用棒棒糖卖洗衣机**
——司空见惯背后的玄机

# 计划总也赶不上变化

在股市里，真正能够做到"冷眼看股市"者是非常少的，这个观点也能得到大多数股民的支持，但是你在询问某一位股民自己是否能够做到在股市里保持"冷静"的时候，大多会得到肯定的回答。也就是说，一方面大多数的股民很不冷静，另一方面大多数的股民认为自己是冷静的。这完全不合常理的结论，说明股民中间普遍流行着一种"过于自信"的现象。

研究发现，在股票市场上，交易越是频繁，损失就越大。投资者们频繁地在金融市场上交易，甚至更多的时候他们交易的收益，或者他们预计中的交易收益都无法用以弥补他们的交易成本。那些急于进行交易的股民（甚至包括机构投资者），之所以没有足够的耐心等待合适的交易时机，从而过于频繁交易的原因之一正是人们的过于自信。投资者们过于相信自己的金融知识和判断，他们自信自己了解市场的走向；他们相信自己能够看准哪只股票会涨，哪只会跌。

然而，实际情况却并非他们所预料的那样，最终的结果便是交易过于频繁，损失过多。

平均而言，男性比女性更容易表现出过于自信。在金融市场上，和女性相比，男性也常常不自觉地认为自己有能力捕捉到市场的风云变幻，能在市场上驾驭自如。男性比女性更容易过于自信导致金融市场上的什么结果呢？答案也很简单，男性比女性交易更加频繁，男性比女性也因此损失更多。巴伯和欧登在分析美国股票市场的数据后发现，男性开户者的年均换手率是女性开户者的1.5倍，而男性的平均收益率却比女性的低0.94个百分点。

## 第六章 偏离还是回归

过于自信带来的最大坏处就是规划上的误区,使得计划永远都赶不上变化。

小陈在北京打拼多年,终于在一个不错的地段买了一套房子。房子交了首付,接下来就是每个月还上固定的月供就可以了,小陈觉得压力并不大,尤其是自己和未婚妻两个人一起承担。买下房子后,先前被搁置的婚姻大事就自然地提上了日程,他们准备赶早不赶晚,先装修房子,然后举办婚礼。

为了让装修时间可控,小陈做了一个完整的计划,打算花两个月的时间把房子装好。计划非常详细,从花多少时间排电线接水管,到什么时候开始铺地板粉刷墙面,再到什么时候买入家具家电等等。在装修之前,小陈信心满满地对未婚妻说,我们一定可以在两个月内把这套房子装修成一个非常完美的家。

可是结果如何呢?工人要开始铺地板的时候,他还没有决定到底买哪种地板好,等到要粉刷墙面了,又因为家里几个人对墙面的颜色不统一而耽误了几天时间。于是,这里晚了几天,那里又耽搁了几天,再碰上几天天气不好不适合粉刷墙面,等到这套房子装修好的时候,已经过去了整整三个半月,比预期多出了一个半月时间。

小陈的经历,大家也许觉得太正常不过了。但大家没有想过的是,小陈的计划不能按时实施完成,是过于自信的一个典型表现,行为经济学家称之为"规划的误区"。规划的误区实际上非常普遍,不要说普通人,即使是一个经过仔细规划的大型项目,仍旧可能比计划的完工时间推迟许多。

澳大利亚在1957年对悉尼歌剧院的规划是于1963年完工,预算是7百万美元。但是,悉尼歌剧院的建设一直拖到1973年才完成,最终花费高达1亿2百万美元。这里还有一件逸闻:有对夫妇本来打算在悉尼歌剧院完工的时候结婚。但是等到它真正建完的时候,这对夫妇已经离婚了。

过于自信还有许多其他的例子可举,比如,有的人给自己制订了一个年度的读书计划和目标,在刚开始的时候,还能够按照计划执行,后来就发现总是由于这样那样事情的耽搁,最终计划赶不上变化,到了年底再回头

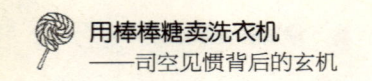

看的时候，发现离原先设定的目标差了不少。不只是读书计划，包括锻炼身体的计划、减肥计划、考试复习计划在内的各种规划，都可能遭遇同样的结局。

## 过于自信

可以看出来，过于自信是现实中的一种普遍现象，体现为一个人对自我的评价往往超出其实际的水平，过于自信的人往往会高估自己，常常不知道自己究竟知道多少。要说明的是，过于自信与一个人骄傲自大、目中无人的性格特点是不同的。目中无人常常体现在人们的交往中，让人感到不舒服，相比之下过于自信则是一般人的通病，它并不是一种对待他人的态度。

研究表明，人们普遍地表现出过于自信，尤其是在和别人作比较的时候，人们常常对自己的知识或能力过于自信。心理学家在一个研究中发现，如果要评价自己的驾驶水平在一群人中的位置，90%的人都说自己的驾驶技术要在平均水平以上，而很少有人说自己比平均水平要差。但是事实上，根据平均水平的定义，只能有50%的人的驾驶技术高于平均水平，而另外一定有50%的人的驾驶技术低于平均水平。在酒后驾车的调查中，也发现过于自信现象的存在。开车人都知道酒后开车很危险，但大多数的人都觉得别人酒后开车可能会出车祸，而自己喝了酒以后却是可以控制住的。

有专家组织了一次对上海已婚女性的调查，调查要求

## 第六章 偏离还是回归

她们估计上海已婚男性至少有过一次外遇经历的人比例是多少。她们的估计有的高有的低,高的估计90%,低的估计20%,平均下来的结果要超过50%。可是当我们问到她们自己的丈夫有外遇的可能性时,她们都一口否认说自己的丈夫是不可能有这种事情的。其实这怎么可能呢?怎么可能有外遇的都是别人的丈夫而唯独自己的丈夫没有呢?这也是一种过于自信的表现吧。

还有这样一个有趣的研究:研究人员分别问丈夫和妻子自己在日常生活中承担了百分之几的家务,将调查结果统计出来,居然发现丈夫和妻子平均认为自己做的家务百分比之和竟是130%。也就是说起码有一方,更可能是双方都高估了自己承担家务的比例。

造成过于自信的一个很重要的原因就是人们很难想象事情会以什么样的方式进展。由于我们不能预见到事情可能的各种发展方向,我们就会对我们所知道的事情将来可能的发展过于自信。

和没有经验的人相比,有经验的人不太容易犯过于自信的毛病,因为他们更多地知道事情发展的多样性。卢叟和舒梅克指出,有经验的桥牌运动员叫牌的时候比较有把握,因为他们考虑到了各种可能的情况以及对手的出牌情况;但是比较缺乏经验的运动员就常常无法赢得自己觉得自己可以赢的牌局,原因就是他们没有考虑到各种可能的情况。俗话说"水满无声,半桶水响咣当",正是这个道理。当人认为自己充满自信的时候,也许实际上是"半桶水"在作怪。

我们在上一章谈到的证实偏见,也是导致过于自信的因素之一。如果你是姚明的球迷,喜欢他的比赛,那么你肯定会对他未来的表现充满信心。就算他哪次比赛失了手,你也能找到各种各样为姚明辩护的理由,一相情愿地认定姚

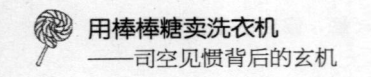

明下次的表现一定非常出色。为自己的观点找理由，或者说只关注和自己的观点一致的证据，而不关注也不收集和自己的观点相抵触的证据，这种行为就是证实偏见，也就是总是倾向于寻找和自己一致的意见和证据。它的一个后果就是过于自信。

由于人们只看到了对自己有利的信息，他们就非常乐观地相信自己的判断，越来越觉得自己的判断是对的，而不知道真相到底是什么。

过于自信属于判断上的偏差，它常常被认为是一种心理现象。但是，有的时候，生理上的原因也会导致过于自信。比方说，成功的喜悦常常使人产生飘飘然的感觉，人们在这种"飘飘然"感受的驱动下就会过于自信。

成功的喜悦，或者说飘飘然的感受，并不仅仅是认知上的一种状态，它也有其生理上的基础：人的身体受到强烈的情感刺激后，会产生肾上腺素，肾上腺素就会让人感到兴奋，高兴，从而导致过于自信。

## 过于自信的优点

过于自信也并非没有好处，一般来说，过于自信有四个方面的优点。

第一，自信是一个人拥有正常心理和为梦想努力奋斗的前提，而在相貌、身材等身体上的过于自信，是这种自信的基本来源。也就是说，如果没有对自身相貌、身材等身体条件的过于自信，人就很容易陷入一种自怨自艾的境地，就会缺乏最基本的自信。

对相貌、身材的过于自信,是一个最普遍的现象,一个人总是对自己的长相、身材有着超乎实际情况的估计和认识。我们有时候会听到这样的说法:"我这个人怎么一点儿都不上相。"言外之意就是,我长得挺好看的,但照片或是视频没有把我美丽的一面展现出来。其实,照片或视频反映的就是本来的你,不会比你本人更美,也一定不会比你本人更丑。人们对自己身材的认识,更是普遍地存在过于自信的现象,我们常见到有人"评价"别人说:"那个大胖子。""那个女人的小腿真粗。"其实看看自己,一般也没有想象中那么好。

虽说这种对自身相貌、身材等身体条件的过于自信,是一种没来由的自我感觉良好,但它让一个人觉得自己比"本来的自己"要更好看、更有魅力,从而有了自信,有了正常的心理和正常的生活。

第二,过于自信有助于个人的成功与自我实现。美国的一项研究发现,身高与年均收入有一定的正相关性,平均身高每高1厘米年均收入会多出约150美元。这是由于身高较高的人对自己更加有信心,这种过于自信产生了更为强烈的自我期许的力量,产生了所谓的自我实现的诺言。

如果你觉得自己能力不错,善于学习,能够成功完成某项任务,那么确实,这种心理暗示将会有助于你顺利地实现目标,并形成一种良性循环,指引你在日后的学习工作中同样有出色的表现。但是,如果自信不足的话,那就是一种恶性循环了,心理暗示自己不行,实际上也做不好,更加强了原先的不自信。

研究同时发现,在发育期身材比较高但是最终身材不算高的人和那些高个子的人的收入水平差不多。因为在青春期这一形成个性的重要阶段,身高给了这些人较高的自信,并能够帮助他们形成比较自信的性格,有助于事业的发展和成功。

第三,过于自信的人更加快乐,并且这种快乐会感染其他人,从而有利于团队的进步和成功。用一种不太恰当的说法,过于自信的人往往有一种稀里糊涂的,甚至是自欺欺人式的莫名快乐,总是活在一种沾沾自喜、乐陶陶的状态之中。

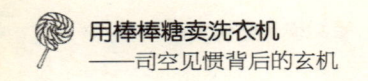

过于自信的人的这种快乐,能够营造出一种快乐的气氛,对自己周围的人也产生影响。也就是过于自信的人的快乐会感染他人,从而也更容易激励和鼓舞别人。

在一个团队中,如果缺乏过于自信的人,就会显得死气沉沉。因此,过于自信的人,是团队成员喜欢的对象,如果团队领导是一名过于自信的人,则更容易提高下属的工作热情,使其对前景充满信心。

第四,过于自信的人,对自己的能力更有信心,从而更有担当力。过于自信的人能够抓住大局,看问题会比较全面,具有全局观而不是拘泥于细节。过于自信的人做事更为果敢,不会缩手缩脚,从而能够更有效率地做出决策与判断。

过于自信的人的积极态度,也有助于他们更加有创造性,容易想出有创意的点子。这种更为活跃的创造性和更高的工作能力,帮助他取得成绩的同时,也就进一步加强了他的过于自信。

## 锚定效应

纵使过于自信有这么多的好处,但它依然是一种超出实际情况的过分乐观,一个人之所以会过于自信,其根本原因是在做出决策与判断时,掌握的信息有限。实际上,一个人永远都只能根据自己所见、所感、所知、所思来做出决策与判断。香港有一个叫林世荣的黄金生意商人,他就是利用一个"黄金做的马桶"来影响人的感觉,来达到自己的目的。

林世荣在香港开了一个金店,叫金至尊,他在店里专门设置了一个异常豪华的房间,房间里的马桶是用黄金打造的,废纸篓也是黄金的,旁边的墙壁上也都是黄金,他邀请

## 第六章 偏离还是回归

人们去免费参观他的这个房间。但是，要在房间里拍照的话，需要交几十港币，去参观的人都为房间的豪华所折服。

在参观完豪华房间出来后，大家就会看到旁边的柜台在出售一些小挂件，全都是黄金做的，价格是一千多块，顾客觉得很便宜，于是纷纷掏腰包买了金店里的黄金产品。

但是，事后与别处的同类产品一对比，发现价格可能高了不少，但当时为什么会觉得很便宜呢？因为马桶都是黄金做的，一个挂件算什么，一个挂件的价钱和黄金马桶的价值比起来实在是太微不足道了，这就是利用了心理学上的锚定效应。

锚定效应，又称沉锚效应，是一种重要的心理现象，是指当人们需要对某个事件做定量估测时，会将某些特定数值作为起始值，起始值像锚一样制约着估测值，在做决策的时候，会不自觉地给予最初获得的信息过多的重视。对顾客来说，黄金马桶的价值就是一个很高的锚，所以在判断黄金挂件价值的时候，就不自觉地被这个高锚绑架了。

消费者在一个购物环境中，如果之前看到的价格都是很高的，那么在消费者的潜意识里会认为，这个购物环境里都是高价商品，之后碰到的商品价格也会很高；这样可以提高他们心目中打算购买的产品的参考价格。于是，较高的参考价格或者价格预期，就会增加消费者的购买估算。

当人们对某件事的好坏做估测的时候，其实并不存在绝对意义上的好与坏，一切都是相对的，关键看你如何定位基点。基点定位就像一只锚一样，它定了，评价体系也就定了，好坏也就评定出来了。研究证实，在房地产交易过程中，起始价较高的交易最后达成的成交价比起始价较低的交易最终达成的成交价显著要高。

锚定效应中锚的选择，有时不是价格，而是同类产品，选择了某一个知名产品作为新产品的锚,则新产品也更容易被认为是与这个知名产品属于一个档次的。比如,在新推出一个运动品牌用品的时候,如果将它的柜台选在高档的商场里,并且与知名运动品牌紧挨在一起,它的一边是耐克,另一边是阿迪达斯,那么,十有八九它会被消费者接受为高档品牌。相反,如果把它的柜台设在一个不起眼的商场,与价格低廉的商品摆在一起,即使质量再好,功能再强大,也很难被消费者认为是一个好的品牌。

研究表明,任何商品都可以归类为指导型产品或是经验型产品。这两类产品的差异在于前者在购买之前就可以被判断出质量,而后者则只有在消费之后才会真正被感知。事实上,即使是前一种产品,有不少也是在消费之后才能感知到其部分功能的真实性。这都为企业家利用锚定效应提供了空间。比如,某皮具制造商就成功地进行了这样的尝试,开设专卖店时总是与名牌店毗邻而居,这使其产品的价格相当不菲。一方面,它在消费者心目中建立了一个高端品牌的形象;另一方面,它与邻居相比又具有一定的价格优势。是一个有效利用"锚定效应"的好例子。

此外,锚定效应的作用还表现在,当人们被要求做定量评估时,往往会受到暗示的影响,如以问卷形式进行调查时,问卷所提供的一系列选项可令人们对号入座,从而使人们的回答受到选项的影响。

第六章 偏离还是回归

# "维多利亚的秘密"的秘密

美国顶级内衣品牌"维多利亚的秘密"每年都举行一次"内衣秀"活动，观看顶级内衣超模在 T 台上展露完美的女性曲线和美艳的内衣设计，对许多人来说这是一桩盛事。尤其是 1996 年以来，维多利亚的秘密每年推出一款绝版"梦幻胸罩"，以钻石为装饰，价值连城，成为活动的大热看点。

我们先来看一下这些胸罩的价值和它的代言模特：

1996 年，"百万美元奇迹胸罩"，价值 100 万美元，代言模特克劳迪娅·西弗。

1997 年，"梦幻钻石胸罩"，价值 300 万美元，代言模特缇拉·班克斯。

1998 年，"梦幻天使胸罩"，价值 500 万美元，代言模特丹妮娜·佩斯多娃。

1999 年，"新千年梦幻胸罩"，价值 1000 万美元，代言模特德国超模海蒂·克拉姆。

2000 年，"大红狂热梦幻胸罩"，价值 1500 万美元，代言模特吉赛尔·邦辰。胸罩及内裤上布满各种手切宝石，由 1300 颗价值 300 克拉的钻石及泰国红宝石镶嵌而成，最终以 1500 万美元的价格售出。

2001 年，"天堂之星胸罩"，价值 1250 万美元，代言模特海蒂·克拉姆。

2002 年"维多利亚奇幻胸罩"，价值 1000 万美元，代言模特捷克超模卡罗琳娜·库科娃。

2003 年，"非常性感之梦幻胸罩"，价值 1100 万美元，由顶级超模海蒂·克拉姆代言，这款内衣由 1200 颗粉红蓝宝石及 90 克拉祖母绿切割钻石镶嵌而成。

## 用棒棒糖卖洗衣机
——司空见惯背后的玄机

2004年,"天堂20世纪70年代梦幻胸罩",价值1000万美元,代言模特缇拉·班克斯。整个内衣是用18k铂金打造的,周身镶嵌了无数碎钻,还点缀了22颗红宝石。

2005年,"璀璨性感梦幻胸罩",价值1250万美元,代言模特吉赛尔·邦辰。

2006年,"内心狂热钻石梦幻胸罩",价值650万美元,代言模特卡罗琳娜·库科娃。

2007年,"假日梦幻胸罩",价值450万美元,代言模特塞利塔·伊班克斯。

2008年,"黑色钻石梦幻奇迹胸罩",价值500万美元,代言模特巴西超模阿德林娜·利马。3700颗稀有黑钻组成了这件胸罩,胸口中间还悬挂着两颗分别重115克拉的巨钻,总重为1500克拉。

2009年"赫拉之心梦幻胸罩",价值300万美元,玛丽莎·米勒是这件天价胸罩的展示者,她是目前美国模特界最炙手可热的顶级超模,维多利亚的秘密最钟爱的形象代言人之一。

考虑到人们几乎不可能购买这种镶钻胸罩,但为什么维多利亚的秘密仍然每年都要花费巨资推出,并邀请最当红的模特代言呢?

这是由于镶钻胸罩能够吸引媒体的视线,扩大公司的影响力,使得潜在客户注意到维多利亚的秘密这个品牌。虽然不能卖掉这种镶钻胸罩,但能促进公司其他产品的销售,这是一种有效的手法,另外,即便卖不出去,也没有什么关系,因为钻石很容易回收,可以多次使用。

但是,更为重要的是,维多利亚的秘密是利用了锚定效应的作用,用这个较高的锚来提高了消费者愿意出的价钱。只要这种天价胸罩在产品目录上现身,人们对送礼物该花多少钱的参照系,就会因此发生改变。维多利亚的秘密把"别人花了几百万美元"的想法悄悄灌输到人们的意识里,于是,花几百美元买份礼物就显得没那么荒谬了。我们很容易设想,一个急于讨好妻子的丈夫,刚刚看过售价650万美元的梦幻胸罩,于是掏出298美元买了该公司一款高级胸罩,恐怕他还觉得自己挺精明呢。

锚定效应中的锚，就相当于是一个人们用来参考的标准。现实中，人们经常使用这个标准作为衡量成败的基本标杆，超过了标杆就表扬，低于标杆就批评，但是这么做是否合理呢？

## 表扬和批评，哪个更有效

在美国棒球职业大联盟，有一个奇怪的现象：在头一个赛季打出优异成绩，当选职业棒球协会最佳新秀的选手，在第二年的成绩往往会不如前一年，人们给这种现象起了个名字叫"二年生症候群"。理论上来说，获得了一年的比赛经验，他们应该表现得更好才对啊，可是为什么会出现成绩下滑的情况呢？

可能性之一是对方投球手发现击球手的弱点，需要一定的时间。但如果这个解释成立，所有二年次球员都应该出现成绩下滑，而不仅仅是年度新秀。可从总体上来看，二年次球员一般都比新进球手有进步。

更合理的解释是，"二年生症候群"只是一个统计错觉。哪怕是最优秀的球手，也不可能一直保持完美状态。他们某个年度的打击率和其他进攻数据很可能比其他年度要高得多。按照定义来看，只有水平超常发挥的球员，才能赢得年度新秀奖。这也就是说，在这一年，他们的成绩比将来的平均成绩可能要高得多，而等他们第二年回归到平均成绩时，在人们的眼中，他们反而是退步了。

"二年生症候群"这个现象，在统计学上称之为"中值回归"。一旦碰到随机性成功，必定会出现"中值回归"。球员打出一场超常发挥的成功比赛之后，后一场的表现可能就会回归正常。这不是必然，但确实是最常见的情况。

# 用棒棒糖卖洗衣机
## ——司空见惯背后的玄机

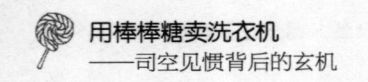

如果一支职业运动队整个赛季都表现不好，球队老板的下意识冲动就是把教练或经理炒掉。同样，要是一家企业遭受巨大的损失，董事会的下意识冲动就是把总裁给炒了。在新任领导管理下，球队或企业来年的表现更好，是否说明上述做法有道理呢？

比赛中输了一个赛季，和企业某一年亏损一样，一般是多重因素造成的。领导者要负一定的责任，但在一个真正算得上糟糕的年景，起负面作用的很可能还有其他许多因素。这些因素大多展现出随机波动性，和谁当教练、谁当总裁无关。如果哪一年这些因素极端不利，那来年它们很可能会回归正常范围。

新任领导一般是在坏年景之后才上任的，这意味着，即便新任领导并不比原来的领导更出色，来年的绩效也会好一些。我们应当明白一个起码的事实：炒人之后紧随而来的组织绩效反弹，并不能说明炒掉经理是正确举措。这一进步，只不过是另一个"中值回归"的例子。

上面这种对球员褒奖后成绩却出现下滑，企业业绩下滑时辞掉经理后业绩好转的情况，往往给我们一个假象：表扬使人骄傲，批评使人进步。这就是为什么很多管理者都容易高估批评的功效，而低估表扬的作用的原因。

严厉的管理者看到员工犯错，总是立刻会加以批评；可当员工做得出色的时候，却迟迟不予表扬。反之，敦厚的管理者却是热心表扬，迟于批评。哪一种风格更有效呢？

和棒球选手一样，员工不可能随时都保持同样的绩效标准。有些时候，他们的绩效比长期平均值要高一些，有时候要低一些。不管得到管理者什么样的反馈，员工在某个星期绩效低于正常水平，下一个星期很可能会提高——回归到一个更为正常的成绩。反过来说，不管上司表不表扬，员工这个星期超水平发挥，下个星期很可能会回潮。

结果，对员工失误偏重于批评的管理者，会把其后的绩效改观（其实本来就会出现）错误地认为是自己严厉的批评产生了效果。反过来，在员工表现出色时给予表扬的管理者，则会错误地将其后的回潮（也是本来就会出

现的)归咎于自己宽厚的管理风格。

由此，管理者在头脑中形成了批评比表扬更有效的偏见。实际上，在大多数情况下，鼓励性的管理风格比严厉的批评风格，更容易激发出员工良好的表现。这一类的证据，可能比因"中值回归"而产生偏差的偶然印象更可靠。

## 中值回归

现实中经常见到不知道中值回归，而对一些事情抱有不切实际期望的现象。和我们上面举的例子类似，很多公司的老板每年都会给公司的员工业绩进行排名，通常是对业绩排名特别靠前的几位员工进行奖励，而对排名靠后的员工进行惩罚。这样做的结果是，凡是前一年得到奖励的员工，下一年的业绩总会下滑；反而是前一年得到惩罚的员工，下一年的业绩会有所好转。

这样的结果可能会让老板得出结论，那就是奖励是没有用的，得到奖励的员工容易骄傲自满，所以下次业绩就下滑；而惩罚却是有作用的。其实，了解了中值回归以后你就知道，这只是中值回归的自然现象而已，与奖励和惩罚都没有关系。

美国每年年末都会根据业绩好坏给各大公司的股票基金经理排名。排名第一的那个经理总是会被许多公司出大价钱哄抢，他们都希望这位业绩最佳的基金经理在下一年为自己公司创造更多的财富。

可惜的是，每次抢到了第一名的公司在第二年过后都

## 用棒棒糖卖洗衣机
—— 司空见惯背后的玄机

会失望,因为这位排名第一的经理并不像他们想象中那么厉害,也没有给公司带来想象中那么丰厚的收益。其实,基金经理的业绩有自己水平的因素,也有随机的因素。根据中值回归的自然规律,第一名的经理在下一年自然会有所下滑,那些公司的失望也就在意料之中了。

看到这里,你可能会觉得奇怪,中值回归告诉我们,极端的东西都会往中间回归,那么这样一来,不是所有的事情都趋向于平均了吗?实际上,事情是不会这样发展的,因为除了中值回归,还存在一种"中值分散"的现象,那就是在平均值附近的个体,会向着偏离平均的方向发散。以人们的身高为例,一位身高特别高的父亲,他的孩子的身高一般情况下应该是不会比他更高的,而是比他矮一些,但要比一般人要高一些。一个特别矮的父亲,他的孩子的身高同样一般会比一般人矮一些,但比他要高一些。同时,那些身高在平均值附近的父亲,他们孩子的身高,则会向高一些或矮一些的方向发散。

中值回归告诉我们的是,高于平均值就要回落,低于平均值就会上升,而中值发散却没有确定的发散方向,这也就是为什么没有对中值发散的过多研究,因为这种方向不确定的发散是没有多大的研究意义的。

另外,中值回归是强调回归自己的平均水平,并不表示回归到所有人的平均水平,这在考试问题上体现得最为明显。

一个班级的学生考试,我们经常会发现这次考得特别好的学生下次往往会差一点,这次考得特别差的学生下次却往往会有所进步,现在你应该已经知道这是中值回归的道理。考得好的学生下次可能没那么好了,但还是会高于平均水平;考得差的学生下次会有所进步,但还是会比平均水

平低一点。至于回归的程度到底有多强，这就取决于考卷的质量了。如果考卷的质量很高，可以完全测试出学生的真实水平，那么学生成绩的回归程度就会很弱，甚至不回归，也就是说前几名的学生一直是这几个，因为他们的确是班里学得最好的。反之，如果考卷不能真实反映学生水平，甚至和学生学习水平完全没有关系，那么回归程度就会非常强，大家的成绩都跟着忽上忽下很不稳定。

## 滥用概率规律

人们忽视中值回归，说明人们对于概率规律缺乏认识；同时，人们也很容易走到反面，即滥用概率规律，将本身不具备统计意义的"小数"，套用"大数"条件下的概率，错误地做出判断和预测。

比如，当投资者观察到一位投资经理在过去两年表现好于其他人，就总结说这位经理水平要高一些，而这一结论的统计含义太弱。另一个相关的例子称为"赌博者谬误"：许多人都经常预期一个随机赌局的第二轮会得到与第一轮相反的结果，而实际上，每一轮在统计上都是独立的。

让我们看一个赌场里的场景：一名赌急了的赌徒，眼睛紧紧地盯着前方，额头直冒冷汗，这一晚他已经输了好几回了。他每次都期待着红球从那个口里掉出来，可是仿佛老天故意和他作对，每次掉出来的总是黑球。妻子在一旁着急地劝他到此为止，不要再玩儿下去了。可是他哪里肯罢手，他不服气，反而越挫越勇，因为他坚信按照概率，出了这么多黑球下一个必为红球！事情仿佛总是不能如愿，正常的傻瓜抱着必胜的信念在赌场沉醉不归，执著地等待着红球的出现，一直到输光了口袋里面所有的钱。

## 用棒棒糖卖洗衣机
### ——司空见惯背后的玄机

赌徒为什么会得出这样的判断,他的判断到底有没有道理呢?我们再来看投掷硬币的情况。我们说一枚均匀的硬币,随便扔出去,出现正反面的概率是相等的。假设你已经扔了 4 次,出现的都是正面,下一次的结果会怎样呢?很多人会不假思索地认为下一次应该是反面啦。但实际上,下一次出现正、反面的可能性还是一样的,各 50%。这也是赌博的时候经常让赌徒停不下来的一个心理因素,尤其是对输了钱的赌徒。他们认为既然事件的结果完全是靠运气的,那么运气的分布应该是好坏的概率都一样。输了的赌徒总是认为自己下一次就会赢回来,很多时候就是这样越输越多,倾家荡产。

据此,心理学家丹尼尔·卡尼曼和阿莫斯·特沃斯基总结出了"小数定律",即人有把从大样本中得到的结论错误地移植到小样本中的倾向。比如人们知道掷硬币的概率是两面各 50%,于是在连续掷出 5 个正面之后就倾向于判断下一次出现反面的概率较大。这一点已被大量的实验和证券市场上的错误预测所证实。

小数定律认为人类行为本身并不总是理性的,在不确定性情况下,人的思维过程会系统性地偏离理性法则而走捷径,人的思维定式、表象思维、外界环境等因素,会使人出现系统性偏见,采取并不理性的行为。大多数人在判断不确定事件发生的概率时,往往会违背概率理论中的大数定律,而不由自主地使用"小数定律",即将只有在"大数"条件下有效的概率规律错误地移植到"小数"情况下,最终得出错误的判断。

第七章

# 过去决定了现在

　　你有没有发现一个现象,现在很多人在频繁地换工作,但却很少会换行业,这其中都有哪些原因呢?真的是过去决定了现在的可能吗?一件产品的形状,除了表面的现象之外,还需要考虑哪些因素呢?广告也和产品的形状有联系吗?广告中又有着怎样的玄机呢?

# 用棒棒糖卖洗衣机
——司空见惯背后的玄机

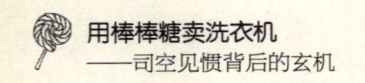

## 换工作,却不换行业

小周毕业已经5年了,其间换过很多次工作,但无论怎么换都始终没有离开图书出版行业。在一次同学聚会上,小周发现别人也都有着类似的经历,无论如何"跳槽",最终还是在一个很小的"槽"里跳来跳去,这其中有着怎样的原因呢?

对这个问题最简单的解释,就是一个人习惯了一种工作,就不容易换别的工作。如果换工作的时候换了行业,就要重新开始熟悉这个行业,先前行业里掌握的技能和人脉无法发挥作用不说,更因为再没有哪个公司会像忍耐一个新手那样来对待你这样的职场"老者",于是大多数的人,在换工作的时候,也都不敢去迈出"换行业"这么一步。

这么说来,换工作而不换行业的重要原因便是无法割舍已经投入到这个行业里的一切,包括学习掌握的各种知识技能,也包括已经经营起来的人脉、资源等因素。这种考虑是人之常情,其背后隐藏的是沉没成本对人的作用。

沉没成本是指业已发生的、无法收回的成本支出和投入,对于一个职场中人来说,在自己所从事行业里的知识技能学习、人脉资源积累都是这种沉没成本,这些投入在换工作的时候就会影响一个人对工作的考虑,如果只是换了一个公司,从事相同或相似的工作,就可以继续利用这些知识技能和人脉资源,这些曾经的投入就可以继续发挥作用;而如果换了行业,就相当于是切断了与原先工作的联系,先前的那些投入根本无法利用,也无从谈起收回。

对沉没成本的考虑,会影响一个人做出决策。它有好的一面也有坏的

第七章 过去决定了现在

一面。比如，一个人想要半途而废的时候，就可能因为想到自己在这上面付出了那么多，就会咬牙坚持一下，最终见到胜利的曙光。同样地，有的人本来不适合某个行业或岗位的工作，却因为一开始入错了行，始终无法放下过去的投入而举步维艰，到头来也无法得到什么好的结果。

因此，我们一方面要发挥沉没成本的正面作用，在那些应当坚持的领域和方向上让自己投入，告诫自己坚持，就有利于成功；另一方面则应该在我们不太适合继续坚持下去的地方，快刀斩乱麻地告别过往，懂得有舍才有得的道理。

有时候，一个人换工作的时候，并没有考虑自己的投入问题，而是习惯成自然地继续选择了原来的行业，甚至是一种下意识的选择，这么说来，习惯（或者说是经历）对一个人的影响是非常巨大的，这里面存在一个"路径依赖"的问题。

## 路径依赖

路径依赖是指，一旦人们做了某种选择，就好比走上了一条不归之路，惯性的力量会使这一选择不断自我强化，并让你不能轻易走出去。一个人选择了一份工作，就相当于是确定了一条工作的路径，虽说决定一开始选择的因素可能完全是随机的。如果一开始的工作路径是不错的，那么通过不断自我强化和良性循环，会达到很好的效果。反之，则需要付出很大的努力，才能跳出这个路径依赖。

一个用猴子做的实验，证明了路径依赖效应的存在。

有人将5只猴子放在一只笼子里，并在笼子中间吊上一串香蕉，只要有猴子伸手去拿香蕉，就用高压水教训所有

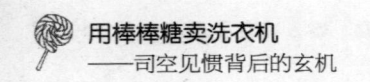

# 用棒棒糖卖洗衣机
## ——司空见惯背后的玄机

的猴子,直到没有一只猴子再敢动手。

然后用一只新猴子替换出笼子里的一只猴子,新来的猴子不知这里的"规矩",竟又伸出上肢去拿香蕉,结果触怒了原来笼子里的4只猴子,于是它们代替人执行惩罚任务,把新来的猴子暴打一顿,直到它服从这里的"规矩"为止。

实验人员如此不断地将最初经历过高压水惩戒的猴子换出来,最后笼子里的猴子全是新的,但没有一只猴子再敢去碰香蕉。

起初,猴子怕受到"株连",不允许其他猴子去碰香蕉,这是合理的。但后来人和高压水都不再介入,而新来的猴子却固守着"不许拿香蕉"的制度不变,这就是路径依赖的表现。

需要指出的是,路径依赖现象并不是百分百地发生,它只是告诉人们:一旦踏上某条道路,就很难再重新选择,因为重新选择的成本太高。但是,当你真的发现不再适合自己的工作、不再适合自己的事业时,最好还是跳出路径依赖的影响,勇敢地走出来。

"路径依赖"理论被总结出来之后,人们把它广泛应用在选择和习惯的各个方面。在一定程度上,人们的一切选择都会受到路径依赖的深刻影响,人们过去做出的选择决定了他们现在可能的选择,人们关于习惯的一切理论都可以用"路径依赖"来解释。

"路径依赖"的思想最早见于经济史学家、美国斯坦福大学教授保罗·A.大卫于1975年出版的《技术选择、创新和经济增长》一书,不过当时并未引起重视。使"路径依赖"理论声名远播的是道格拉斯·诺思,由于用"路径依赖"理论成功地阐释了经济制度的演进,道格拉斯·诺思于1993年获得诺贝尔经济学奖。

## 第七章 过去决定了现在

诺思认为,"路径依赖"类似于物理学中的惯性,事物一旦进入某一路径(无论是"好"的还是"坏"的),就可能对这种路径产生依赖。这是因为,经济生活与物理世界一样,存在着报酬递增和自我强化的机制。这种机制使人们一旦选择走上某一路径,就会在以后的发展中得到不断的自我强化。人们过去做出的选择决定了他们现在及未来可能的选择。

对于企业而言,好的路径会对企业起到正反馈的作用,通过惯性和冲力,产生飞轮效应,企业发展因而进入良性循环;不好的路径会对企业起到负反馈的作用,就如厄运循环,企业可能会被锁定在某种无效率的状态下而导致停滞。而这些选择一旦进入锁定状态,就如陷入恶性循环而不能自拔。

用路径依赖来解释恋爱中的男女,也是比较有效的。男孩爱上了女孩,但女孩却有一些让人无法忍受的恶习。朋友们都说放弃吧,多少次经验证明了要改是不可能的,但男孩一直执著地相信下一次她一定会改的,就这样拖了好多年……这不仅是被爱情冲昏了头脑的问题,还含有路径锁定的因素。

关于路径依赖的案例,有两个著名的例子,一个是火箭助推器的宽度与两匹马屁股宽度的决定关系,一个是戴尔模式。

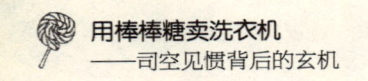

# 用棒棒糖卖洗衣机
## ——司空见惯背后的玄机

## 火箭助推器,由两匹马屁股的宽度决定

美国的火箭助推器与马屁股之间,真的存在着某种决定性的联系吗?下面我们来看一下在很多地方都能看到的一个"例证"。

我们都知道,火箭助推器在造好以后会通过铁路运输。运输途中会经过一些隧道,而这些隧道的宽度只比火车轨道宽一点,所以,铁轨的宽度决定了助推器的直径。

现代铁路两条铁轨之间的标准距离是四英尺又八点五英寸(1英尺=12英寸=0.3048米),那为什么采用这个标准呢?

原来,早期的铁路是由造电车的人设计的,而四英尺又八点五英寸正是电车所用的轮距标准。

那么,电车的标准又是从哪里来的呢?

最先造电车的人以前是造马车的,所以电车的标准是沿用马车的轮距标准。

马车又为什么要用这个轮距标准呢?

英国马路辙迹的宽度是四英尺又八点五英寸,所以,如果马车用其他轮距,它的轮子很快会在英国的老路上撞坏。

那这些辙迹又是从何而来的呢?

从古罗马人那里来的。因为整个欧洲,包括英国的长途老路都是由罗马人为军队所铺设的,而四英尺又八点五英寸正是罗马战车的宽度。任何其他轮宽的战车在这些路上行驶的话,车轮的寿命都不会很长。

可以再问,罗马人为什么以四英尺又八点五英寸作为战车的轮距宽度呢?

原因很简单，这是牵引一辆战车的两匹马屁股的宽度。

所以，最后的结论是：美国航天飞机火箭助推器的宽度竟然是两千年前便由两匹马屁股的宽度所决定的。

这个"例证"，究竟有多大的可信度，有些不得而知了，但它确实被用在介绍路径依赖的各种场合。有人指出，这个例子里提到的情况本身是子虚乌有的，比如，世界上首辆使用的蒸汽机车头是被乔治·斯蒂芬森发明出来，当时，铁轨的宽度为1.42米，折算为4.65902英尺；后来，乔治·斯蒂芬森把铁轨的宽度增加了1.3厘米，为1.44米，即4.72464英尺，成为"标准轨宽"。显然，轨宽并不等于那些学者所说的"四英尺又八点五英寸"。并且，世界上已有的火箭助推器的宽度也要比"标准轨宽"要宽不少。但是这个传说确实表达了路径依赖的信息，起码火车的铁轨宽度与两匹马屁股的宽度还是有着明显的"路径依赖"的。

同时，这个例子给我们的启示是，在职业生涯中，我们很难摆脱路径依赖，一旦我们选择了自己的"马屁股"，我们的人生轨道可能就只有四英尺又八点五英寸宽。以后我们可能会对这个宽度不满意，但是却已经很难改变它了。所以，我们需要提醒自己的是，在一开始就慎重选择"马屁股"的宽度。

## 戴尔模式

人们关于习惯的一切理论都可以用"路径依赖"来解释。它告诉我们，要想路径依赖的负面效应不发生，那么在最开始的时候就要找准一个正确的方向。每个人都有自己的基本思维模式，这种模式很大程度上会决定你以后的人生道路。而这种模式的基础，其实是早在童年时期就奠定了的。做

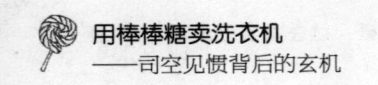

好了你的第一次选择，你就设定了自己的人生。

在国际 IT 行业中，戴尔电脑是一个财富的神话。戴尔计算机公司从 1984 年成立时的 1000 美元，发展到 2001 年销售额达到 310 亿美元，是一段颇富传奇色彩的经历。戴尔公司有两大法宝："直接销售模式"和"市场细分"方式。而据戴尔的创始人迈克尔·戴尔透露，他早在少年时就已经奠定了这两大法宝的基础。

戴尔 12 岁那年，进行了人生的第一次生意冒险——为了省钱，酷爱集邮的他不想再从拍卖会上卖邮票，而是通过说服自己一个同样喜欢集邮的邻居把邮票委托给他，然后在专业刊物上刊登卖邮票的广告。出乎意料地，他赚到了 2000 美元，第一次尝到了抛弃中间人，"直接接触"的好处。有了第一次，就再也忘不掉了。后来，戴尔的创业一直和这种"直接销售"模式分不开。

上初中时，戴尔就已经开始做电脑生意了。他自己买来零部件，组装后再卖掉。在这个过程中，他发现一台售价 3000 美元的 IBM 个人电脑，零部件只要六七百美元就能买到。而当时大部分经营电脑的人并不太懂电脑，不能为顾客提供技术支持，更不可能按顾客的需要提供合适的电脑。这就让戴尔产生了灵感：抛弃中间商，自己改装电脑，不但有价格上的优势，还有品质和服务上的优势，能够根据顾客的直接要求提供不同功能的电脑。

这样，后来风靡世界的"直接销售"和"市场细分"模式就诞生了。其内核就是：真正按照顾客的要求来设计制造产品，并把它在尽可能短的时间内直接送到顾客手上。

此后，戴尔便凭借着他发明的这种模式，一路做下去。从 1984 年戴尔退学开设自己的公司，到 2002 年排名《财富》杂志全球 500 强中的第 131 位，其间不到 20 年时间，戴尔公司成了全世界最著名的公司之一。正是初次做生意时的正确路径选择，奠定了后来戴尔事业成功的基础。

第七章　过去决定了现在

## 相似的物品，不同的规格和标准

我们从路径依赖中了解到，历史对现实的作用很大。实际上，很多产品的包装设计问题，都是由历史上的习惯和标准决定的，虽说现在情况发生了很大的变化，但历史却依然起着作用，这便是为什么相似的物品，却有着大相径庭的规格和标准。

为什么 DVD 和 CD 的尺寸一样大，但 DVD 包装盒却比 CD 包装盒要大得多？同样大小的光盘，CD 的包装盒是 14.8 厘米宽，12.5 厘米高，DVD 的包装盒却是 10.45 厘米宽，19.1 厘米高。为什么会这样呢？

事实是这样的，虽然现在看来 CD 和 DVD 是相似的物品，但他们有着不同的历史继承。

在数字 CD 出现之前，大多数音乐是以黑胶唱片的形式出售的。黑胶唱片的包装，是 30.2 厘米见方的纸盒子。摆放黑胶唱片的货架空间，刚好足够摆上两排 CD 盒子（包含当中的间隔）。CD 盒子相当于从前黑胶唱片的一半宽，使得零售商无须承担更换存储架和展示柜台的切实成本。

DVD 包装背后也隐藏着同样的考虑。DVD 出现以前，大多数租赁店放的是 VHS 格式的录像带，装在 13.5 厘米宽、19.1 厘米高的纸盒子里。录像带一般是标签朝外并排展示的。在消费者逐渐改投 DVD 怀抱的过程中，DVD 包装盒保持同样高度，方便租赁店在现有的货架上进行展示。此外，DVD 盒子跟 VHS 录像带盒子一样高，消费者也会更乐于投入 DVD 门下，因为他们能把新买的 DVD 放在原来存放 VHS 录像带的架子上。

如果说 CD 和 DVD 只是看起来相似，但还不是相同的物品，那么人们穿的衣服总是一样的吧。然而，你却会发现一个令人疑惑的问题，那就是有

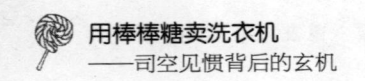

扣子的衣服中，女装和男装的扣子并不在同一边，女装扣子是在左边，而男装的扣子却是在右边，这是为什么呢？

针对不同购买群体对服装功能的不同需求，成衣商采用相应的统一标准，这一点并不足为奇。可奇怪的是，女士适用的标准跟男士标准恰恰相反。如果标准完全是随便制定的，那是另一回事。可男士标准明明也很适合于女士。毕竟，全世界90%以上的人（无论男女）都是右撇子，用右手从右边扣扣子要容易多了。那么，为什么女装扣子在左边？

在这个例子中，同样是历史说了算。17世纪扣子最初问世的时候，只有有钱人的外套上才打扣子。按当时的风俗，男士自己穿衣服，女士则由仆人帮着穿。女士村衣上的扣子打在左边，极大地方便了伺候女主人的仆人们（多为右撇子）。男士衬衫的扣子在右边，不仅因为大多数男人们是自己穿衣服，还因为用右手拔出挂在左腰上的剑，不容易被衬衫给兜住。

如今还有仆人伺候穿衣的女士恐怕所剩无几，为什么女装扣子依然留在左边呢？这是由于规范一经确立，就很难改变。既然所有女装村衫的扣子都在左边，要是有哪家成衣商提供扣子在右边的女士衬衣，那就很冒险。毕竟，女士们早就习惯了从左边扣扣子，一旦扣子换到右边，她们还得培养新习惯，改用新技巧。除了这一实际困难，部分女士恐怕还觉得，当众穿扣子在右边的衣服叫人尴尬，因为看到的人会以为她穿的是男士衣服。

相似的物品，采用不同的包装设计，除了历史的原因外，还有哪些影响因素呢？我们在下一节进行举例分析。

## 饮料为什么装在圆瓶子里

不知道你有没有注意到一个现象，几乎所有的软性饮料瓶子，无论是

塑料瓶还是易拉罐，都是圆柱形的。但是，牛奶、酸奶、酸酸乳这样的饮料却是方盒子装的。理性地看，方形容器能比圆柱形容器更经济地利用货架空间。可是，为什么大多数饮料生产商还是坚持使用圆柱形容器呢？

造成这种差别的一个原因是，装在圆柱形容器里的软性饮料，绝大多数都是直接就着容器喝的，所以，由于圆柱形容器更称手，抵消了它所带来的额外存储成本。而牛奶、酸奶、酸酸乳却不是这样，我们要么将其倒出来饮用，要么插入吸管喝，大多数的人是不会直接就着盒子喝的。

可就算大多数人直接就着盒子喝牛奶这样的饮料，成本效益原则亦显示，它们还是不大可能装在圆柱形容器里卖。我们知道，超市里大多数软性饮料都是放在开放式货架上的，这种架子便宜，平常也不存在运营成本。但是牛奶、酸奶这样的饮料对于储存条件要求较高，很多时候都需要专门装在冰柜里冷藏保存。冰柜很贵，电费等使用成本也高，所以，冰柜里的存储空间相当宝贵，而把其包装做成方形可以更有效地节省冷柜的储藏空间。

另外，圆柱形的瓶子不容易变形，而方形或其他形状的包装就更容易发生变形。比如，现在一些饮料厂商生产了大包装的瓶装饮料，采用了方形的瓶子后，我们很容易看到超市货架上那些包装变形了的产品无人问津。对于碳酸饮料来说，如果有震荡的话里面的液体就会膨胀，如果包装做成方形的话，就很容易发生变形，从美观的角度考虑，碳酸饮料的瓶体应该做成圆的，这也就是为什么大包装的可乐，依然采用圆形瓶子，而不是方形瓶子的缘故。

产品包装设计中，确实还需要考虑到美观的问题。比如，同样是圆形，矮胖一点的铝制易拉罐就要比瘦高的易拉罐更节省材料，但是人们却没有那样做。

铝制易拉罐的任务是装饮料。在全世界大部分地区销售的铝制易拉罐装饮料，都是圆柱形的，并且高度约等于宽度的两倍。如果把这种易拉罐造得矮一点，胖一点，能少用许多铝材。举个例子来说，高7.8厘米、直径7.6厘米的圆柱铝罐，与现在的标准易拉罐容量相同，但能少用近30%的铝材。既然矮一点的铝罐造价更低，为什么人们至今仍使用标准易拉罐呢？

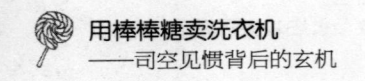

可能的解释之一是,消费者会受到横竖错觉的误导。所谓横竖错觉,是心理学上一种著名的视错觉。比方说,同样长的两条线,一条是横条,一条是竖条,在普通人看来,总会觉得是竖条更长一些。由于存在这种错觉,消费者可能不愿意买矮胖易拉罐装的饮料,觉得它容量小。

可这个解释似乎暗示竞争对手放弃了轻松的获利机会。也就是说,如果只有视错觉这一个原因使得消费者不愿意购买矮胖易拉罐,那么竞争时手完全可以提供这种易拉罐,并明确指出这种容器的容量和传统易拉罐完全一样。既然矮胖易拉罐的生产成本更便宜,卖这种易拉罐的饮料厂商就能比传统厂商提供稍低的价格,同时抵补其成本。所以,要是只有视错觉这一个问题,必然会出现可为竞争对手所利用的轻松获利的机会。

还有一种可能的解释是,购买软性饮料的顾客更中意细长易拉罐的样子。即便他们知道矮胖易拉罐的容量与之相同,还是宁愿多出点钱买细长的,道理跟他们愿意多出钱住景色好点的酒店房间一样。

当然,绝大多数饮料都采用这样的包装,也说明了这个最基本的道理,那就是人们确实更加钟爱圆形的形状,尤其是瘦高形的圆柱形包装。在这一点上,我们从可口可乐和百事可乐的包装上就能看出来。当我们从电视上看到它们的广告时,就会发现瘦高形的圆瓶饮料,确实给人一种美的感受,从这个角度来看,饮料采用圆瓶包装也是为了适应电视广告效果的需求。

## 百事可乐的名人广告策略

英国广告学专家S. 布里特提出了广告的必要性,他说:"商品不做广告,就像姑娘在暗处向小伙子递送秋波,脉脉含情,只有她自己知道。"

## 第七章 过去决定了现在

广告在传递产品信息方面,是最迅速、最节省、最有效的手段之一。好的产品借助于现代化科学手段的广告,其所发挥的作用不知比人力要高多少倍。

可口可乐公司的前任老板伍德拉夫有句名言:"可口可乐 99.1%是水、碳酸和糖浆,如若不进行广告宣传,谁去喝它呢?"可口可乐畅销全世界,打进了一百三十五个国家和地区的市场,被人们视为是美国精神的象征。可口可乐如此受人们喜欢,除其他原因外,广告作用不可低估。

可口可乐公司从 1886 年开始,就不惜工本,充分利用广告手段来扩大产品销路。1886 年可口可乐公司的营业额仅有 50 美元,广告费就花了 46 美元;1901 年其营业额为 12 万美元,广告费花了 10 万美元;如今的广告费每年平均 6 亿美元以上。

可能正是在广告上的巨大投入,让这个 99.1%都是水、碳酸和糖浆的饮料,卖了个世界第一名。

在做广告这个事情上,可口可乐的对手百事可乐可谓独树一帜,其名人广告策略精彩非凡,使可口可乐备感威力。

百事可乐运用的"名人代言"广告,是他赢得市场的超级攻略之一。1983 年,百事可乐与美国最火的流行音乐巨星迈克尔·杰克逊签订一个合约,以 500 万美元的惊人代价聘请这位明星为"百事巨星",并连续制作了以迈克尔·杰克逊的流行歌曲为配乐的广告片。借助这位天王巨星的名头,百事可乐推出了"百事可乐,新一代的选择"的宣传计划,并获得了巨大的成功,迫使可口可乐拱手为百事可乐分出一杯羹。

事情的起因是百事可乐的一次市场调查。为了调整公司的经营并使之更符合市场的需要,百事可乐组织了一次规模较大的市场调查活动。调查结果证实了他们的估计,被调查者对百事可乐的看法是:这是一家年轻的企业,具有新的思想,员工富有朝气和创新精神;是一个发展很快、能够一举成为行业第一的企业;不足之处是鲁莽,也许还有点盛气凌人。对可口可乐的评价是:美国的化身;具有明显的保守传统;不足之处是老成迟钝,自命不凡,还有点社团组织的味道。

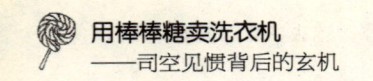

# 用棒棒糖卖洗衣机
## ——司空见惯背后的玄机

根据调查结果，百事可乐设计了新的广告方案，并想到了迈克尔·杰克逊。因为，对于像迈克尔这样不嗜烟酒、家庭观念强、宗教虔诚的青年来说，汽车、酒类都没有意思，他需要一种柔软、小巧、无害而有趣的产品，那便是可乐。因此，由迈克尔·杰克逊来为百事做可乐广告是最适合不过的了。

广告播出后，《华尔街日报》用头版作了大量报道。1984年间，97%的美国公众至少看过十遍这个广告。杰克逊的广告片开始播放后不到30天，百事可乐的销售量就开始上升，使百事可乐成为1984年普通可乐市场上增长最快的软饮料。杰克逊的广告片大大提高了百事可乐的知名度，该广告的主题——"新的一代"已深入人心，百事可乐代表了美国的现代生活方式。广告赢得了所有的广告奖，它使百事的销售达到了创纪录的水平。

百事可乐从美国市场上名人广告的巨大成功中尝到了甜头，于是在世界各地如法炮制，寻找当地的名人明星，拍摄受当地欢迎的名人广告，持续地推出了一个又一个的名人广告。

### 权威效应

为什么用名人做广告，就会明显地提高产品的销量呢？这是由于名人广告，有一些特殊的优势。

名人能够强烈地吸引观众的注意力。广告的基本功能就是传达信息，如果想告诉某人某件事，你必须引起他的兴趣和注意，这是人际交流、大众传播中颠扑不破的一个真理。将观众的注意力从他们正在想的东西上拉过来，广告才可能实现说服他们相信某个观点的功能。

因为名人的高关注度，名人广告能轻松地把观众的注意力从杂乱的环境中吸引过来，让产品和广告成为大众关

注的中心。本来没什么资历，大家并不了解的一个品牌，因为名人的关系就可能会受到重视，从繁杂的信息中脱颖而出。

名人广告能够借名人的魅力去感染观众，把大众对名人的好感移情到产品，使名人的形象价值转移到品牌本身。消费者对于自己喜欢的名人所推荐的产品，会更加信任，容易产生档次高、质量好、实力雄厚等好的印象。消费者对名人的信任提高了品牌的偏爱值，能为品牌或产品带来肯定的态度转变，产生积极的情感。观众出于模仿（追随）名人，成为了产品的消费者，而不是旁观者。

名人广告能够发挥作用，其背后的原理是权威效应的存在。权威效应，是指一个人要是地位高，有威信，受人敬重，那他所说的话及所做的事就容易引起别人重视，并让他们相信其正确性，即"人微言轻、人贵言重"。

美国心理学家们曾经做过一个实验：在给某大学心理学系的学生们讲课时，向学生介绍一位从外校请来的德语教师，说这位德语教师是从德国来的著名化学家。实验中这位"化学家"煞有介事地拿出了一个装有蒸馏水的瓶子，说这是他新发现的一种化学物质，有些气味，请在座的学生闻到气味时就举手，结果多数学生都举起了手。对于本来没有气味的蒸馏水，由于这位"权威"的心理学家的语言暗示而让多数学生都认为它有气味。

权威效应是普遍存在的，首先是由于人们有"安全心理"，即人们总认为权威人物思想、行为和语言往往是正确的，他们往往是正确的楷模，服从他们会使自己具备安全感，增加不会出错的"保险系数"；其次是由于人们有"赞许心理"，即人们总认为权威人物的要求往往和社会规范相一致，按照权威人物的要求去做，会得到各方面的赞许和奖

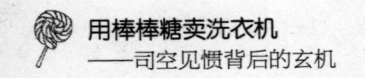

# 用棒棒糖卖洗衣机
——司空见惯背后的玄机

> 励。
> 　　权威效应作用的发挥，需要"权威人物"这个基本条件，但并不是说所有的权威人物都能很好地发挥这个作用，尤其是利用自己的名人地位而"乱发威"，非但不能收到效果，还可能产生负面的作用。

## 走入误区的名人广告

　　现在打开电视看到的广告中，已经鲜有不是名人做的广告了。可以说，在这样的名人广告的"轮番轰炸"下，名人广告的优势可谓尽失，并且其中一些不伦不类的名人广告让人们备感厌恶，广告实际上取得了完全相反的效果。名人广告都有哪些误区呢？

　　名人广告的误区之一是广告主在名人的选择上随意而无策略，把严肃的商业活动当做儿戏。有的企业基于与竞争对手攀比的考虑，请当时最红的名人，有的企业仅凭感觉及个人喜好选择名人。没有经过深入的市场调查分析，没有考虑目标消费者是否喜欢，名人的个性是否适合品牌，一拍脑袋就定了某个名人，广告的效果只能听天由命。

　　有的品牌无策略走马灯似地频繁换名人，导致受众不知所云，这些品牌虽然花了大把的"银子"，却未能起到提升品牌形象的作用。

　　名人广告的误区之二是广告创意肤浅而粗糙，没有任何美感可言，非但不能起到广告的效果，还可能使品牌受损。

　　有的企业把名人当成了灵丹妙药，妄想把名人贴到哪儿就会哪儿有反应。结果花了大把的钱去请名人，却不能花工夫去做有创意的广告，在竞争激烈的环境中只能败退下来。那种陈词滥调、品牌个性不突出的广告对消费者几乎没什么吸引力和效果,既容易淡忘,也容易混淆。

　　名人广告的误区之三是名人在广告中喧宾夺主。一味肤浅地追求名人的表演技巧和喜剧效果,消费者只见名人不见产品,记住了名人,却没有记住产品的内容,这样的广告必然不会促进销售。

　　成功的名人广告都很重视产品,越是强调产品,广告就越有可能成功。名人作为沟通产品与受众的中介,只是品牌宣传的一个工具,所以在广告中真正的主角应该是产品而不是名人,名人在广告中的台词及表演都是为更好地突出产品特色,传达品牌形象。受众在看完一则广告后的反应应该是"我想试这个产品",而非"名人的表演真精彩"。

　　名人广告的误区之四是广告内容矫情造作。在名人广告带来高关注度的同时,也带来大众对广告真实性的高敏感度,即使是广告中部分内容的不真实,都可能引起反弹,使消费者对产品全部品质产生怀疑,甚至牵连到企业的所有品牌,给企业造成颠覆性的伤害。

　　名人广告的诉求一定要真实有据,我们要确保消费者在购买产品(服务)的时候,广告中的承诺能得到兑现。肆意地虚构故事情节,夸大客观事实,最终只能是搬起石头砸自己的脚。

## 名人广告的原则

　　名人广告,除了要避免走入误区,更主要是要坚持一些基本的原则,只有做到这些,才能使名人广告发挥作用。比如,名人广告不能做得太滥。对于企业来说,其所聘用、签约的名人,要不断地关注其成长,使其日益成熟,使其与企业共同发展。对于名人来说,则不要过多地担任各种毫无相关性产品的形象代言人,以免出现混乱及负效应。

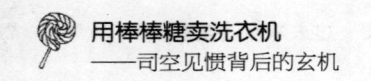

名人广告的原则之一是共生原则。名人广告中的名人要和品牌共生，相互依赖，互相依存，一个方面的损失会造成另外一方面的损失，一方面的成功也会造成另外一方面的成功。也就是名人的性格要和品牌个性相符合。

品牌个性是品牌的一项重要的资产，消费者心目中有一个品牌的名单，这个名单上的品牌是符合这个消费者的个性的，如果品牌的个性和这个消费者的个性不相符合，那么就根本不会出现在品牌名单上，更谈不上购买了。因此品牌广告的一个重要的目的是建立品牌个性，当然还有建立品牌知名度。

和建立品牌知名度相比，建立品牌个性要更加困难。品牌个性的出发点首先要进行品牌定位，你的这个品牌是为了什么类型的消费者而创立，根据他们的年龄、习惯、性别、消费方式、收入等相关因素对品牌的目标消费者进行定位。然后设计品牌性格，使它符合品牌的目标消费者的需求。这样的品牌性格才算完备。

我们在前面提到的百事可乐用迈克尔·杰克逊来做广告，就是很好地坚持了共生原则。

迈克尔·杰克逊不嗜烟酒、家庭观念强、有着虔诚的宗教信仰，对于他来说，汽车、电脑等现代化的东西没有意思，酒、烟草等不符合宗教观念，他需要和无害的、有活力的、年轻的东西为伴。百事可乐的人抓住了这一点，为什么迈克尔·杰克逊喜欢的不可以是百事可乐呢？百事可乐就是无害的、有活力的、年轻的可乐呀，所以迈克尔·杰克逊来为百事做广告是最适合不过了。

相信很多人看过迈克尔·杰克逊的 MTV 都会有一种震撼的感觉，他的歌舞魅力无人能够抵挡，充满了动感和活力，让人忍不住想跟着起舞。这样的形象正好符合百事可乐需要的充满青春活力的动感形象，可以赋予百事新的内涵，可以让新一代的消费者跟上百事的新一代的步伐。百事的成功就只是一个时间的问题了。

同时百事巨大的广告投放也提升了迈克尔·杰克逊的知名度，使他得

到了来自百事的免费宣传。从百事的宣传"新一代的选择"上,也强化了他新一代娱乐领导者的地位,奠定了迈克尔·杰克逊横扫全球青年新一代的基础。

名人广告的原则之二是冰山原则。营销中有一个 4P 理论,广告只不过是 4P 其中的一个 P,是树立品牌形象、推广产品的一种手段,不是营销的全部。如果把 4P 比做一个冰山的话,广告是冰山露出水面的部分,冰山的上部是大家都能看到的,也是冰山最美丽的部分。消费者看到最多的是企业广告,给消费者印象最深刻的也是企业广告。其余的产品、渠道、价格等组成了隐藏在水面下的部分,是一般的消费者看不到,但是在实际的消费中能感受到。在销售实践中冰山下面的 3P 可能比冰山上面的广告起的作用更要大。

名人广告的原则之三是串联原则。一个广告运动是一个整体的系统,里面有太多要素要把握,一定要企业和广告公司密切配合才能出来好的作品。单单有了好的作品才是成功了 30%。有一句话说:广告效果的 70%在于营销组合的执行。

上面说过营销组合的 4P,这四个 P 是串联的,不是相互独立的并联。广告的最后效果将符合串联原则,这才是整合营销的根本所在,要在营销的各个环节都做到最好,这样最后的结果才是最好。如果在其间的每一个环节都打折扣,整个系统的效率将直线降低。

有一些企业单纯地运作媒体,大量投放广告,而不是专心进行终端建设等基本工作。企业广告一出来、促销活动一搞起来往往是经销商窜货的好时机。也不知道企业有没有想一下如果在终端没有你的产品,如果货物只是在经销商们手中窜来窜去,对消费者又有什么意义呢?一个环节是 0 分,可能整个系统的执行效率就变成了 0 分,浪费了公司的大量资源。

总之,名人广告一出,货如轮转的时代已经过去了。现在的消费者都是理性的消费者,相信自己的判断,广告对他们来讲只是参考因素之一。

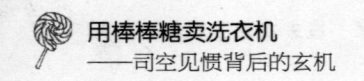

# 用棒棒糖卖洗衣机
## ——司空见惯背后的玄机

# 广告代言的罪与罚

2008年9月起，国内乳品业爆出"三聚氰胺"事件，大家在纷纷谴责无良厂商的同时，也把矛头对准了替这些品牌代言的明星。很多人认为明星只为着赚钱，根本不管代言产品质量。对于这种不负责的行为，人们认为明星应该为此次事件承担相应的责任。

这些明星是否要对此事件负责？业界也是争论不一，有人认为，按照《民法通则》和司法解释关于侵权行为的规定，不少问题奶粉涉嫌产品侵权责任，而明星代言行为无疑为该侵权行为的扩大起到了推波助澜的作用，完全可以依据代言前后的经营业绩评判明星的"作用"，在代言明星存在过错的情况下，已成为共同侵权人，应当就此承担连带责任。

有人认为，这样的事件属于食品安全问题而不是代言问题，在这个过程中明星也是受害者。在代言过程中，这些明星基本都会看到对方企业提供的资质证书以及质检部门提供的产品合格证书，所以对方产品出现了问题，明星并不知情，所以他们不用负相应的法律责任。至于要不要承担道德责任，那就是代言人的个人行为了。并且法律上规定，代言人在完全不知情的情况下，甚至可以和消费者共同起诉代言企业。

在"三聚氰胺"事件之后，虚假广告代言依然"遍地开花"，许多电视台都点名批评了一些名人代言的产品存在虚假欺骗，甚至是违法成分。那么，究竟如何规范广告市场呢？有人提出，解决这个问题的出路在于建立代言广告问责制度。

现行的广告法里对虚假广告的处罚规定中没有指明代言人应承担责任，这无疑造成一些名人代言广告可以不负责地吹嘘产品品质，带给消费

者的是误导,甚至是生命的代价。

　　建立代言广告问责制度,对代言问题产品的应当问责,可以使代言人慎行广告代言,有效约束自己的行为。名人在代言广告之前,应当熟悉产品的品质以及企业的生产流程,关心产品的质量,从而认清产品质量是否有瑕疵,再来决定代言广告。名人在代言广告过程中,应当对产品的质量进行跟踪监督,使企业的生产与代言人的广告宣传紧密结合起来。另外,名人在发现代言产品有问题时,应当立即中止代言广告活动,并向消费者公开致歉,接受相应的道德和法律问责。

　　建立代言广告问责制度,可以最大限度地遏制企业借名人效应虚假宣传的广告行为,对于净化商业广告市场,引导企业向内提高产品质量和消费者理性科学消费,都将产生积极的影响。

## 第八章
## 人际交往的背后

为什么人们常说,不能借钱给朋友,借钱给朋友就等于是自毁友情?而同时又有人能够从别人那里顺利地借到钱。帮助朋友的底线在哪里?人与人之间的相处,应该保持怎样的距离,为什么不能将好事做到底?对待不同的同事,应该采取哪些不同的方法,同性同事和异性同事的相处,又有哪些注意的事项呢?

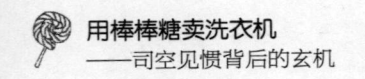

**用棒棒糖卖洗衣机**
——司空见惯背后的玄机

# 为什么不能借钱给朋友

朋友之间应不应该借钱,向来有两种不同的回答。一种声音认为,朋友之间的借贷,本来就是互相帮助的表现,不但是正常的还应该得到提倡,不能什么事都找银行或是从家里伸手要钱。另一种声音则认为,借钱给朋友倒是不难,可难就难在借钱不还,本来借钱的时候就是考虑到不能弄得世界一片冰冷,人情味全无;可问题是,很多时候借钱的结果反而是让人情味更加全无,会让全世界更加冰冷。

有一位网友叙说了自己的借钱经历:

前段时间,一个要好的朋友来了说话吞吞吐吐,我见了觉得奇怪,我们是好朋友常在一块儿聚,可以说无话不聊,今天怎么了,我就问他有事吗?他不好意思地说:"借我几千块钱好吗,我有点急用。"我说"好啊,谁没有困难的时候"就给了他,当时也没有多想什么。

这几天我忽然发现那朋友自借走钱后就一直没来,以前常在一块儿聊天现在突然不来了,还真感觉缺点什么。就打电话给他:"怎么不来了?"朋友说:"你看吧,你那钱还一时还不了你,不好意思去你那儿了。"我听了,心里很不是滋味,难道就因为借钱的缘故,朋友也做不成了吗?

这位网友的叙说还算是比较"中性"的,我们很容易看到比这要严重得多的"控诉",在叙说了自己借钱给朋友后,还钱的过程异常漫长不说,最终朋友之间的感情也完全变了味,借了钱却丢了朋友,反倒不如拒绝来得好。

仔细想想,现实中还真有不少朋友之间借钱把朋友丢了的。有的是一时还不了你,不好意思来,朋友疏远了,更有甚者,借去了就没打算还,这样的朋友还算朋友吗?还有朋友之间借点钱,都只是进行口头协定,没有立下

借条这样的字据,对于还款日期也模糊而论,时间久了难免会遗忘,有没有还,还了多少之类的问题,两人不能一致,朋友也没了,难道朋友之间真的不能借钱吗?

犹太人被认为是世界上最智慧的民族,犹太人一般就不会在朋友之间借钱,他们中间流行着一句话:你要是不想和他成为朋友那么你就把钱借给他。

因为犹太人之间关系都非常融洽,他们朋友之间从不借钱。只有一种情况是特殊的,那就是如果有犹太人向朋友借钱,他的朋友一定会把钱借给他的。因为他的朋友知道他一定是没钱买来了。犹太人不管怎样是不会向朋友伸手借钱的,除非他们生活不下去了。所以他的朋友根本不会问你把钱用在什么地方,因为他的朋友很清楚这一点。

很多人都指出,我们中国是一个人情社会,人与人之间讲究一个人情味,朋友之间借钱的现象非常普遍。一时手紧、突发意外、孩子上学、老人住院等等的原因,都可能是向朋友借钱的理由,也可能是别人向你借钱的说辞。那么,到底应不应该借钱给朋友呢?

我们给出的建议是,要分人来确定借还是不借。钱是可以借给朋友的,但是要看借给谁,并不是说只要是朋友就要借钱,只有你们的关系到了可以借钱的份儿上才值得借,并且最好是确保对方会还钱,当然,你如果借钱的时候就没准备要对方还的话,那就另当别论了。

同时,借不借钱还要看对方的用途,如果是帮对方之急,从道义上讲,应该借给对方,如果对方是用在你不认同的方向,则完全可以拒绝,比如对方要投资股票向你借钱,这时你最好是小心一点为好。

从另外一个角度看,是否借钱给朋友这个问题,也对应着你要不要向朋友借钱的问题。既然不推荐借钱给朋友,那么,你最好是不要向朋友借钱,因为借钱的结果很可能是最终做不了朋友。当然,要是真的借了钱,则应该记得尽早足额归还。

需要谨记的是,不能因为借钱的事伤了感情,更不能因为借钱给朋友而丢了朋友。

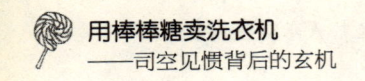

用棒棒糖卖洗衣机
——司空见惯背后的玄机

## 借钱的学问

我们前面分析了借钱给朋友可能出现的坏处,以及什么情况可以借钱给朋友而什么情况不要借钱给朋友。但是,我们经常发现这样的情况,下了决心不借钱给朋友了,但朋友一张口借钱,刚开始还能拒绝,但对方一"退步",自己也跟着口软了下来,最终还是把钱借给了对方。

为什么对方能够顺利地从你这里借到钱呢?这可能是对方运用了"知觉对比",让你不经意间落入了对方的"圈套"之中。

试想一下你的朋友找你借 100 元钱的情景,对方可以这么问:"嗨,老朋友,借 100 块花花吧?"

你当然可以理直气壮地拒绝,直接回答说:"借钱干什么,我还缺钱呢。"

可是,如果对方换一种说法,先是问:"老同学,我最近手头很紧,借 1000 块钱给我救急,行吗?"

"什么?我哪有那么多,我也正用钱。"你可能被对方的要求给吓一跳。

在你拒绝了对方的这个要求后,对方再提出只借 100 元钱的要求,你一般都会答应下来,最终还是借给了对方。为什么会这样呢?

还是让我们先来看看美国心理学家查尔迪尼曾经进行过的一项实验吧,查尔迪尼在实验中先要求 20 名大学生花两年时间担任一个少年管教所的义务辅导员。这是一件很费神的工作,大学生们断然拒绝了。

随后,查尔迪尼又提出了另一个要求,让这些大学生带领少年们去动物园玩一次。结果这次有 50% 的人接受下来。而当他直接向另一些大学生提出这个要求时,只有 16.7% 的人同意。

其实,带领少年们去动物园玩也是一件很费神的工作,这从被直接提

要求的大学生中只有 16.7% 的人表示同意便可以看出来。但为什么当把这个要求放在另外一个较困难的要求之后时，就会有 50% 的人接受呢？

这其中的原因就在于，首先，第一个很大的要求与后面一个小一点的要求形成了对比，让人更容易接受那个小一点的要求。其次，当你拒绝别人后，心里总会有一种歉意，而此时对方再提出另一个请求，作为对让步做出的回应，你也会做出相应的让步。

从中我们看出，在对某个人提出一个很大且被他拒绝的要求后，接着再向他提出一个小一点的要求，那么他接受这个小要求的可能性就比直接向他提出小要求而被接受的可能性大得多。

许多人正是利用这种策略去影响他人，当他们想让别人为自己处理某件事情之前，往往会先提出一个令人难以接受的要求。待别人拒绝且怀有一定的歉意时，再提出自己真正要对方办的事情。由于前面的拒绝，人们往往会为了留住面子而接受随后的要求。

精明的商家也经常使用这种策略。每逢新装上市，各品牌都贵得让人咋舌，毕竟，并不是每个人的腰包都那么让人有底气啊！可你偏偏就信赖这个牌子。平心而论，薄薄的一件衣服不值那么多钱，但权衡一下，若能便宜一点，就冲着这牌子也要把它买下来。

你的这点心思商家是非常清楚的。他们适时制造出各种名目，使出他们的撒手锏——打折。5 折、7 折，折扣打花了你的眼，也平衡了你的心理：毕竟只花了一半的钱就买了名牌产品呢，打折正是商家屡试不爽的法宝。

## 帮助朋友不是为了结个仇人

关于为什么不能借钱给朋友这个问题，还有一层考虑是，如果朋友把

# 用棒棒糖卖洗衣机
## ——司空见惯背后的玄机

借钱当做一种提前支取金钱消费的手段,把借钱当做一种理所应当的合理行为(纵使有借有还)时,你就应当谨慎了。因为,你第一次借钱给朋友时,对方可能会心存感激,但是第二次、第三次再借钱给对方的时候,对方可能就觉得事情本来就应该如此。一旦某一次不能"如愿以偿",就会对你心存怨恨,好事变成了坏事。

在这方面,我国古代有一个著名的例子:

古时候,有两户人家是邻居。两家平日里相处得不错,关系很融洽。两家都以种田为生,其中一家人更勤奋一些,家中条件也更宽裕。

有一年遇上旱灾,两家都颗粒无收。穷家每年都没有多少富余,就指望着田里的收成过活,今年眼看着一家人就要饿肚子了,而富家因为往年有结余,家里有不少储备的粮食。看到邻居家有困难,富家送去了一升米,解了穷家的燃眉之急。

因为这一升米,穷家才没有在灾年饿死。渡过灾年后,穷家家长专门去富家拜谢。交谈之中,又提到穷家现在连吃饭都很困难,下一年的种子更没有着落。于是,富家再一次表现慷慨,又拿出一斗粮食给穷家。

回家后,穷家一家人商量这一斗粮食应该怎么分配。分来分去,最后发现,除了吃以外,这斗粮食根本不够明年地里的种子。于是,穷家开始抱怨起来,觉得富家太过分了,既然有富余,就该多给他们一些粮食,心里有了怨气,就到处说富家的坏话。

没过多久,富家也知道了穷家的抱怨。富家人非常生气,心想:"我白送你们这么多的粮食,不仅不感谢我,还到处说我坏话,太不像话了。"于是,断绝了和穷家的来往。

本来关系挺好的两家人,却因为由一升米提高到一斗米而成为仇人。这就是俗语中常说的"一把米养个恩人,一斗米养个仇人"。

一个人在饥寒交迫的时候,得到一把米,能解决他的生存问题,他自然会感激不尽。不过,如果继续给他米,这个人就会觉得理所当然,慢慢会变得心安理得。一把米已经不够了,两把、三把,甚至更多,对他来说,欲望已经被放大。

第八章　人际交往的背后

物理法则里面提到,力的作用是相互的,然而经济学却不那么看。经济学家认为,我们向往某事物时,情绪投入越多,第一次接触到此事物时情感体验也越为强烈,但是,第二次接触时会淡一些,第三次会更淡……以此发展下去,我们接触该事物的次数越多,我们的情感体验也越为淡漠,一步步趋向乏味。

生活里我们经常会遇到这样的事,当第一次帮助了某人,他会对你心存感激,而第二次帮助他的时候,他的感恩心理就会淡化。数次之后,别人甚至将你的付出当成是理所当然的。一旦他所期望的帮助没有出现,反而会对你心存怨恨。

施恩不图报,这是很多人帮助他人的初衷。然而,当"滴水之恩,涌泉相报"走向了"理所当然,恩而不谢",你还能坚持把好事做下去吗?

## 个人空间理论

不只是借钱这个问题,与朋友交往,有许多需要注意的地方,但有一个基本的原则,那就是君子之交淡如水。它诠释的是,朋友之间的友谊应该是一种相互的信任和生活所带来的平淡的宁静与幸福,"淡"是生活的味道,也是时间验证的朋友味道;最主要的是"淡"如平静的水,而不是汹涌的波涛,真正的朋友之间不需要有大风大浪一样的日子,能够拥有和气、平安、健康、快乐、珍惜、信任,像水一样清澈透明的友谊足矣。

君子之交淡如水,就要求朋友之间有一定的距离。距离太远,对方在彼此心目中只是一个模糊的形象,不了解,也就无法成为朋友;走得太近,同样也很危险,没有距离、没有秘密，往往让彼此看到对方身上的缺点，往往会打破"看上去很美"的感觉。

强调人际交往中这种"心理距离"的效应，有一个著名的"刺猬法则"的例子。

为了研究刺猬在寒冷冬天的生活习性，生物学家做了一个实验：他们把十几只刺猬放到户外的空地上。这些刺猬被冻得浑身发抖，为了取暖，它们只好紧紧地靠在一起；而相互靠拢后，又因为忍受不了彼此身上的长刺，很快就又各自分开了。可天气实在太冷了，它们又靠在一起取暖。然而，靠在一起时的刺痛使它们不得不再度分开。

挨得太近，身上会被刺痛；离得太远，又冻得难受。就这样反反复复地分了又聚，聚了又分，不断地在受冻与受刺之间挣扎。最后，刺猬们终于找到了一个适中的距离，既可以相互取暖，又不至于被彼此刺伤。

刺猬法则表明，只有在人际交往中保持适当的距离，才能让彼此感觉舒服。我们知道，人的心理过程是一个很微妙的历程，我们不会在真正有困难的时候想起酒肉朋友，平日里形影不离的人也不一定是最好的朋友。做朋友，需要一定的距离。就像一杯水，太凉了寒心，太热了烫口，只有适度才能达到最理想的效果。

刺猬法则适用于各种场合，对于工作中的同事之间同样适用。并且，同事关系与朋友还是有不小的区别的，因此要特别注意的就是谨防过度投资。有些人在与同事交往中过于热情，不只是有求必应，就是同事没有提出的事情，也主动热情地进行帮助，并且"好事做到底"。其实，这并不是什么好现象。

心理学家霍曼斯早在 1974 年就曾经提出人与人之间的交往本质上是一种社会交换，这种交换同市场上的商品

## 第八章　人际交往的背后

交换所遵循的原则是一样的,即进行"等价交换",在交往中得到的要等于付出的。如果得到的少于付出的,就会觉得自己吃了亏,心理产生不平衡;如果得到的多于付出的,也会令人们心理失去平衡。

人不能一味接受别人的付出,否则心理会感到不平衡。"滴水之恩,涌泉相报",这也是为了使关系平衡的一种做法。如果好事一次做尽,使人感到无法回报或没有机会回报的时候,愧疚感就会让受惠的一方选择疏远。留有余地,好事不应一次做尽,这是平衡人际关系的重要准则。

物以类聚,人以群分。交朋友,除了志趣相投外,忠诚的品格是最重要的,一旦你选择了我,我选择了你,彼此信任、忠实于友谊是双方的责任。朋友可以类聚群分,但同事没有办法选择,你不能对同事有过高的期望值,否则容易产生失落,惹下不必要的麻烦,容易产生误解而造成不痛快,保持适当的距离能让你感受到他的美。

同事之间必须保持距离,更为重要的一个原因是同事之间存在利益上的冲突。我们知道,好朋友的形成和维持是需要条件的,也就是说,要成为好朋友,情投意合固然重要,但是还有一点,那就是两个人之间不能存在着明显的利益冲突。两个存在明显的利益冲突,存在显性的或是隐性的利益竞争的人,是很难成为好朋友的。即使是已经成为好朋友的两个人,在面临明显的利益冲突和竞争的时候,也常常会使感情陷入僵局。因为人本性是自私的,谁也逃脱不掉。

正是因为如此,所以在公司里,还是"君子之交淡如水"的好。因为公司是一个充满了太明显的竞争和利益冲突的场合,影响和干扰人与人之间亲疏远近关系的因素实在是太多了。好朋友之间太容易出现矛盾和裂痕,而这种矛盾和裂痕基本上是不可能避免的,就算人的主观上有再好的希

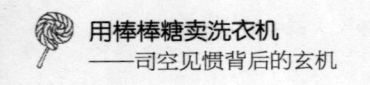

冀也难以避免。

在复杂的社会背景下，距离显然已不再是简单的物理问题，更是一种心理的、社会的距离。距离产生出美还是丑，也许就在一步的范围，这一步有时是一米，有时却只有一厘。因此，与同事保持恰当的距离，是和谐相处的前提。

## 与同事相处之道

有这样一种说法，一天中除去睡觉的时间外，人在醒着的时候，大部分的时间不是与自己的爱人、父母、子女在一起，而是与公司的同事一起度过的。因此，如何与同事和谐相处，就成为重中之重。那么，该如何处理与同事之间的关系？

首先，必须确立一个观念：和为贵。

在中国的处世哲学中，中庸之道被奉为经典之道，中庸之道的精华之处就是以和为贵。同事作为你工作中的伙伴，难免有利益上的或其他方面的冲突，处理这些矛盾的时候，你第一个想到的解决方法应该是和解。毕竟，同处一个屋檐下，抬头不见低头见，如果让任何一个人破坏了你的心情，说不定将来吃亏的是你，而不是别人。与同事和睦相处，在上司眼中，你的分量将会又上一个台阶，因为人际关系的和谐处理不仅仅是一种生存的需要，更是工作上、生活上的需要。

其次，必须学会尊重同事。

在人际交往中，自己待人的态度往往决定了别人对自己的态度，因此，你若想获取他人的好感和尊重，必须首先尊重他人。

研究表明，每个人都有强烈的友爱和受尊敬的欲望。由此可知，爱面子

第八章 人际交往的背后

的确是人们的一大共性。在工作上,如果你不小心,很可能在不经意间说出令同事尴尬的话,表面上他也许只是脸面上有些过意不去,但其心里可能已受到严重的挫伤,以后,对方也许就会因感到自尊受到了伤害而拒绝与你交往。

一位哲人曾提出过这样的问题:将军和门卫谁摆架子?答案是门卫。因为将军有着雄厚的资本,他不需要架子作支撑。现实生活中也是如此,拥有优势的人常常胸怀大度,其自尊和面子足矣,再无须旁人添加。

而与你同一阶层甚至某方面不如你的人,很可能因为自卑而表现出极强的自尊,他仅有的一点儿颜面是需要你细心呵护的,如果你能以平等的姿态与人沟通,对方会觉得受到尊重,而对你产生好感。因此,要谨记,没有尊重就没有友谊。

再次,要尽量避免与同事产生矛盾。

同事与你在一个公司中工作,几乎日日见面,彼此之间免不了会有各种各样鸡毛蒜皮的事情发生,各人的性格、脾气秉性、优点和缺点也暴露得比较明显,尤其每个人行为上的缺点和性格上的弱点暴露得多了,会引出各种各样的瓜葛、冲突。这种瓜葛和冲突有些是表面的,有些是背地里的,有些是公开的,有些是隐蔽的,种种的不愉快交织在一起,便会引发各种矛盾。

同事之间有了矛盾,仍然可以来往。第一,任何同事之间的意见往往都是起源于一些具体的事件,而并不涉及个人的其他方面。事情过去之后,这种冲突和矛盾可能会由于人们思维的惯性而延续一段时间,但时间长,也会逐渐淡忘。所以,不要因为过去的小意见而耿耿于怀。只要你大大方方,不把过去的事当一回事,对方也会以同样豁达的态度对待你。

第二,即使对方仍对你有一定的成见,也不妨碍你与他的交往。因为在同事之间的来往中,我们所追求的不是朋友之间的那种友谊和感情,而仅仅是工作。彼此之间有矛盾没关系,只求双方在工作中能合作就行了。由于工作本身涉及到双方的共同利益,彼此间合作如何,事情成功与否,都与双方有关。如果对方是一个聪明人,他自然会想到这一点,这样,他也会努力

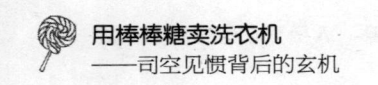

与你合作。如果对方执迷不悟,你不妨在合作中或共事中向他点明一点,以利于相互之间的合作。

最后,要学会与各种类型的同事打交道。

每一个人,都有自己独特的生活方式与性格。在公司里,总有些人是不易打交道的,比如傲慢的人、死板的人、自尊心过强的人等等。所以,你必须因人而异,采取不同的交际策略。

## 怎样与难缠的同事打交道

我们经常见到这样的情况,一个人对同事都一视同仁,最终却得到完全意想不到的结果:有的人能够和平地共处,而有的人却处处与自己找别扭。为什么会出现这样的情况呢?这是因为不同的同事有着不同的性格,对待同事要根据对方的情况,有区别地对待,尤其是对待一些有着特殊性格倾向的同事,更要学会与其打交道的技巧。

下面我们就介绍与一些有特殊性格倾向的同事打交道的方法与技巧。

### 应对好胜的同事

有些同事狂妄自大,喜欢炫耀,总是不失时机自我表现,力求显示出高人一等的样子,在各个方面都好占上风,对于这种人,许多人虽是看不惯的,但为了不伤和气,总是时时处处地谦让着他。

可是在有些情况下,你的迁就忍让,他却会当做是一种软弱,反而更不尊重你,或者瞧不起你。对这种人,你要在适当时机挫其锐气。使他知道,山外有山,人外有人,不要不知道天高地厚。

### 应对过于傲慢的同事

与性格高傲、举止无礼、出言不逊的同事打交道难免使人产生不快,但

有些时候你必须要和他们接触。这时,你不妨采取这样的措施:

其一,尽量减少与他相处的时间。在和他相处的有限时间里,你尽量充分地表达自己的意见,不给他表现傲慢的机会。

其二,交谈言简意赅。尽量用短句子来清楚地说明你的来意和要求。给对方一个干脆利落的印象,也使他难以施展傲气,即使想摆架子也摆不了。

### 应对过于死板的同事

与这一类人打交道,你不必在意他的冷面孔,相反,应该热情洋溢,以你的热情来化解他的冷漠,并仔细观察他的言行举止,寻找出他感兴趣的问题和比较关心的事进行交流。

与这种人打交道你一定要有耐心,不要急于求成,只要你和他有了共同的话题,相信他的那种死板会荡然无存,而且会表现出少有的热情。这样一来,就可以建立比较和谐的关系了。

### 应对城府较深的同事

这种人对事物不缺乏见解,但是不到万不得已,或者水到渠成的时候,他绝不轻易表达自己的意见。这种人在和别人交往时,一般都工于心计,总是把真面目隐藏起来,希望更多地了解对方,从而能在交往中处于主动的地位,周旋在各种矛盾中而立于不败之地。

和这种人打交道,你一定要有所防范,不要让他完全掌握你的全部秘密和底细,更不要为他所利用,从而陷入他的圈套之中而不能自拔。

### 应对口蜜腹剑的同事

口蜜腹剑的人,"明是一盆火,暗是一把刀"。碰到这样的同事,最好的应对方式是敬而远之,能避就避,能躲就躲。

如果在办公室里这种人打算亲近你,你应该找一个理由想办法避开,尽量不要和他一起做事,实在分不开,不妨每天记下工作日记,为日后应对做好准备。

### 应对刻薄的同事

刻薄的人在与人发生争执时好揭人短,且不留余地和情面。他们惯常冷言冷语,挖人隐私,常以取笑别人为乐,行为离谱,不讲道德,无理搅三

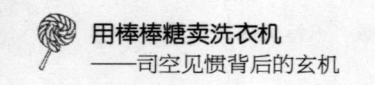

分,有理不让人。他们会让得罪自己的人在众人面前丢尽面子,在同事中抬不起头。

碰到这样一位同事,你要与他拉开距离,尽量不去招惹他。吃一点儿小亏,听到一两句闲话,也应装作没听见,不恼不怒,与他保持相应的距离。

## 同性与异性,区别对待

与同事相处,并没有一个固定的模式,而是根据具体情况灵活掌握。但是,我们经常听到有人抱怨,在办公室里处理不好与异性同事的关系,或者是同性同事之间有了不必要的摩擦,总之问题多多。那么,为什么会出现这些问题呢?如何在工作中避免这类的尴尬出现呢?下面我们就分别针对异性同事之间的相处和同性同事交往的原则给出一些建议。

与异性同事相处,要做到以下几点:

不刻意排斥。因为是异性,对很多事物的看法普遍会有分歧。如果你是在异性面前很虚心的人,你会发现你在异性中备受宠爱。多数成功人士对异性没有排斥感,而且喜欢帮助异性工作伙伴,他们把这个看做是工作中获得成就感的一个标志。

平等接触。在帮助异性同事的时候,要注意不能偏私。比如,对刚刚参加工作、职位较低的年轻女子施以同情,或者看到漂亮的女人时不知不觉地庇护起来,并把重要的工作委派给她,这往往是一些男子不知不觉就会做出的事。但是其他女性对这种事情非常敏感,为此常常会影响工作氛围和人际关系。

说话讲究分寸。男性和女性在办公室均要注意交谈的分寸。男性私下常会冒出一些粗话,有人甚至会开黄色玩笑,但不允许在办公室中发生,尤

其是有女同事在场之时，否则女性认为这是对她们的侵犯。在恭维异性时，要避免挑逗性，以免造成误会。开玩笑不能过分，办公室男女间开开玩笑总是有的，只要无伤大雅，不伤及自尊，就不必放在心上，但男女间毕竟有所顾忌，玩笑还是适可而止。

大方、不轻浮。这是同异性工作交往中一个很重要的原则。如果你是男性，当女同事在场时，不能把松了的皮带再扣紧，或者把衬衣塞入裤子中，否则会引起误会，会使女性产生不愉快。女性也不能做一些挑逗性动作，尤其是肢体语言。比如，在男性面前梳玩头发，尽管无意，但很可能导致误会。

要注意把握自己和异性同事交往时的分寸。如果你们是要好的同事当然可以多些交流，但最好不要把自己的私生活带入。特别是如果在婚姻上不如意，对异性同事不宜过多倾诉，否则会被对方认为你有移情的想法。如果同事把你当成听众时，你不妨向对方多谈谈自己婚姻生活中美好的一面，使对方尽早避免对你情感上的投入。即使是极为默契的异性同事，也只应当在工作上更好地配合，互相帮助，而在办公室这样的公众场合，不要"亲密无间"。

与异性同事的关系不同，同性同事之间有着更多的相同感受和对事物的共同看法，相处起来应该更为简单和容易一些，尤其是男性同事之间是如此的。不过，同时也存在着这样的情况，女性在与异性相处时很顺畅，摩擦很少，但与同性同事在一起时就不那么善解人意了，这是为什么呢？

我们经常能看到女性同事一起谈天说地，甚至在下班后和周末相约逛街购物，但很少见男同事之间这样做。这是由于女性更喜欢与"闺蜜"亲昵，认为女性同事是自己的好朋友，应该参与到自己的生活中去，分享快乐、分担痛苦。投入了更多感情，因此，对于回报的期盼也会升高，彼此之间摩擦的机会也会随之增多。另外，女性更容易与女性同事进行攀比，如果在收入方面存在差异，又或者是对方的家庭、相貌等条件超过了自己，就会受不了这样的刺激，产生嫉妒心理。

针对这些情况，女性可以学习一下男性的工作态度和交友模式。男性间的关系虽然不如女性间那么亲密，但却要更为牢固，尤其是同事之间，最

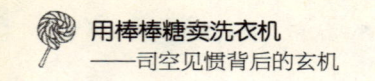

主要的还是工作伙伴的关系，因此在工作中应该"忘记"对方的性别，把工作做好才是真正有价值的。另外，就是注重培养自己的自信心，不要进行一些无谓的攀比。

## 异性效应

有一句话说"同性相斥，异性相吸"，这种现象在工作场合同样适用。我们在上一节中，虽然介绍了异性相处时应该注意的一些事项，但不可否认的是，工作之中异性之间的合作更为默契。我们也听说过"男女搭配，干活不累"这样的俗语，这种说法的背后，有什么合理的成分吗？

没有人可以否认，异性共存通常要比单一性别的工作环境愉快和谐得多。两性共事，有助于提高工作效率，这已经是社会的共识，这种现象被称为异性效应。其表现是有两性共同参加的活动，较之只有同性参加的活动，参加者一般会感到更愉快，干得也更起劲，更出色。

异性效应是一种普遍存在的心理现象，这种效应尤以青少年为甚。异性效应的存在，是因为当有异性参加活动时，异性间心理接近的需要得到了满足，因而会使人获得程度不同的愉悦感，并激发起内在的积极性和创造力。男性和女性一起做事、处理问题都会显得比较顺利。

异性效应现象甚至在我们人类征服宇宙的过程中也曾发生。在宇宙飞行中，占60.6%的宇航员会产生"航天综合征"，如头痛、眩晕、失眠、烦躁、恶心、情绪低沉等，而且一切药物均无济于事。这到底是为什么呢？后来，在南极考察的

澳大利亚科研人员也得了这种怪病，晚上失眠，白天昏昏沉沉，用了许多方法，均无法治愈。经过调查研究，得出的结论竟是"没有男女搭配，是性别比例失调严重，导致异性气味匮乏的结果"。因此，美国著名医学博士哈里教授向美国宇航局提出建议，在每次宇航飞行中，挑选一位健康貌美的女性参加。谁知，就这么一个简单的办法，竟使困扰宇航员的难题迎刃而解。

在对现实生活的研究中，心理学家还发现，在一个只有男性或女性的工作环境里，尽管条件优越，卫生符合要求，自动化程度很高，然而，不论男女，都容易疲劳，工作效率不高。

异性相吸定律是指异性相吸所带来的特定功能和作用，这些功能和作用是同性友谊不能替代的。研究表明，有两性共同参加的活动，较之只有同性参加的活动，参加者会感到更愉快，干得更起劲，玩得更尽兴。

自古就有阴阳之说。阴，象征女性的阴柔之美；阳，象征男性的阳刚之美。因此有人说：女人是水做的，男人是泥做的。异性相吸，就在于女人的性格一般比男人温柔，男人的胸怀一般比女人宽广。

在精神上互悦，智力上互偿，气质上互补，事业上互助，善用异性相吸效应，能够让我们事半功倍，感觉生活轻松愉悦。"男女搭配，干活不累"，异性相吸定律对个人和组织的启示不言而喻。

## 第九章
# 爱情的迷局

　　如果说人与人之间的相处是一门学问，那么，两性之间的一种特殊关系——爱情就更是一场迷局。处在恋爱之中的人，为什么会情人眼里出西施？这样的认识都有哪些局限，受到限制的爱情为什么更为热烈，这种爱情最终会有好的结果吗？爱情、同居、婚姻，都是什么样的关系？人们真的是总把婚姻做最坏的打算吗？

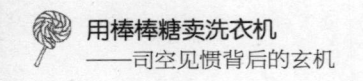

## 爱情本身是一场交易

爱情,是世间最浪漫的词语,许多人为之销魂,同时,爱情,也是世间最折磨人的东西,许多人在其中痛苦不堪。现实中的男男女女,总是渴望找到理想中的另一半,也总是把自己最好的一面展示给对方,以获得好女子或是好男子的青睐。然而,结果却并不总是那么令人满意,这是为什么呢?

从经济学角度看,爱情本身是一场交易,男女双方各取所需。在当代的信息社会里,如何才能实现公平交易呢?首先需要双方的诚信,需要双方都拥有对方足够的共同信息,也提供给对方足够的信息,以加强彼此了解,但提供虚假的信息会让你们的爱情打折,只有在真实而可靠的信息基础上做出判断,双方的最终决策才能是最好的"抉择"。

但事实上,很多情况下,买方应该知道的信息内容,卖方不一定提供,而卖方的价格底线,买方也不知道。卖方为牟取"暴利",故意隐瞒对自己不利的信息。由于信息不对称,买方无法排除干扰,只能做出逆向选择,使买方的利益受到损害。

电影《情归阿拉巴马》里,在纽约,没有人知道梅兰妮的来历,只知道她漂亮、聪明、做事干练、惹人爱怜。

其实,梅兰妮出生在美国南部的阿拉巴马,从小就向往都市生活,所以她来到纽约寻找自己的未来。她的事业顺风顺水,单身贵族安德鲁疯狂地爱上她。两个人已经到了谈婚论嫁的地步,但是随着幸福的一步步临近,梅兰妮心里的不安和焦急却一天天猛增。

原来,梅兰妮并不是真正的单身女郎,在家乡,她已经和名叫杰克的小伙子结婚有一段时间了,如今她又接受了安德鲁的求婚,但家乡的杰克始

第九章 爱情的迷局

终拒绝和她在离婚协议上签字。不得已,梅兰妮亲自回到阿拉巴马,劝杰克离婚……

在爱情婚姻市场上,当你是卖家的时候,你一定会刻意隐瞒一些对自己不利的信息,只把最出彩的精华部分提供给对方。因为爱情的市场经济也是契约经济,契约经济讲究合同关系,所谓合同就是结婚证,以领取结婚证的时间为界限,在这之前,所有的爱情都会存在"逆向选择"的问题,也就是在契约达成之前,买卖双方总是想绞尽脑汁瞒骗对方。

不过,信息不对称导致的"逆向选择"有好也有坏,有利也有弊,它既保护你也伤害你。寻觅爱情的时候,如果你主动出击,你是卖方市场,这样你就会隐瞒自己的某些真实信息。一旦你寻觅到爱情,两个人真正进入恋爱期的时候,双方的位置就进化成互为卖方市场,就他爱上的并不是100%真实的你这一点来推论,他也不可能是100%真实的他。

爱情里有时候需要"逆向选择",不是因为信息不对称,而是"反其道而行之",这和穿衣服是一个道理,虽然今年流行长裙,有的人却选择一条超短裙。这时候的"逆向选择"可以避免撞衫尴尬,可以凸显自己的标新立异,最大限度地吸引公众眼球。

## 爱情中的博弈

在一个酒吧里,4个男生正商量着如何去追求一个漂亮女生,旁边一个男生却在喃喃自语:"如果他们4个人全部去追求那个漂亮女生,那她一定会摆足架子,谁也不睬。之后再去追其他女孩子,别人也不会接受,因为没有人愿意当'次品'。如果他们先去追其他女生,那么漂亮女生就会感到被孤立,这时再追她就会容易得多。"

这是出现在奥斯卡最佳影片《美丽心灵》中的一个片段。在这部根据博弈论大师纳什的生平改编的人物传记片中,这名追女生"很有一套"的男生实际上就是借用了纳什的"博弈论",将爱情视为一场"博弈"。

从经济学角度看,一场爱情、一场婚姻,实质上就是一场游戏、一场竞赛,在这场游戏和竞赛中,男人和女人都想彼此"征服"或"打败"对方。当一个男人和一个女人产生爱的火花时,他们之间的博弈就开始了。

男女双方彼此互相追求的阶段就是博弈论的经典模型"囚徒困境"。如果双方一见钟情,彼此爱慕,但是由于双方信息不对称,只知道自己喜欢对方,却不确定对方是否喜欢自己,这种情况下双方都不表白。

之所以出现这种情况,是因为双方会有如下考虑:一是如果自己表白,而对方对自己没有意思,自己面子上过不去,尤其是女性容易这么想;二是尽管能断定对方对自己有意,也不愿先表白,因为先表白的一方在今后的感情生活中往往会比较被动。这样一来,双方陷入囚徒困境都不愿抢先表白,结果错过了一段美好的姻缘。

换一种情况,男生先爱上女生,男生主动出击,发动攻势。此时的男生仍然不知道女生的心理状况(女生的逃避是矜持羞涩,还是拒绝),而女生也不知道男生的真实想法(是真心爱自己,还是另有企图)。由于双方信息不对称,一方使劲地追,一方又使劲地躲,双方仍然处在囚徒困境之中。

因此,经济学家认为,若想有情人终成眷属,最好的方法是有一方主动表白,而另一方能积极回应。当然,若是自己羞于表白,找个中间人沟通也可以。不管哪一种方式,关键是让男女双方的真实信息得以呈现,确定双方是否"郎有情,妹有意"。爱情是迷宫,更是囚徒的困境,只有足够聪明的人,才能走出困境,收获幸福。

第九章 爱情的迷局

## 能够相信一见钟情吗

　　白娘子与许仙、张生与莺莺、罗密欧与朱丽叶的一见钟情是富有戏剧性、充满浪漫诗意的主题。为什么恋人之间会出现一见钟情？一见钟情可靠吗？很多一见钟情的人都会这样解释：一见钟情就是一种感觉。感觉对了，也就爱上了；感觉不对，条件再好也没用。

　　这种感觉，其实就是对方的某一方面在某个适当的时间，又在某个适当的环境下，符合了自己的审美观。主要是外表和气质在某一瞬间吸引了自己，而在这一瞬间，对方的思想、性情等诸多方面往往被忽视，越是被对方的某种气质所迷住，越是不在乎对方其他方面的人格特征，感觉对方样样都合自己的心意。

　　而当热恋的那股火苗渐渐消失的时候，对方的缺点也慢慢浮现了出来，此时会越来越觉得对方偏离了自己真正的需求，如果情况发展到了无法容忍的地步，最终的结果便只能是以分手收场。

　　一见钟情是个很浪漫的词，但在它的背后往往带有某种欺骗的色彩。回头再想想，当初究竟是因为什么觉得他（她）好的呢？是因为他（她）头上的"光环"对你施了"障眼法"。这种现象所反映的就是心理学中的"光环效应"，也称"晕轮效应"。

　　晕轮效应最早是由美国著名心理学家爱德华·桑戴克于20世纪20年代提出的。他认为，人们对人的认知和判断往往只从局部出发，扩散而得出整体印象，也即常常以偏概全。一个人如果被标明是好的，他就会被一种积极肯定的光环笼罩，并被赋予一切都好的品质；如果一个人被标明是坏的，他就被一种消极否定的光环所笼罩，并被认为具有各种坏的品质。

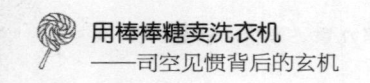

### 用棒棒糖卖洗衣机
—— 司空见惯背后的玄机

这是一种以偏概全的评价倾向，是在人们没有意识到的情况下发生作用的。由于它的作用，一个人的优点或缺点变成光圈被夸大，其他优点或缺点也就退隐到光圈背后视而不见了，甚至觉得他外表形象好，就认为他是好人，就赋予其一切好的品质，继而"爱屋及乌"地认为他所使用过的东西也是好东西，他的朋友也是好人，他就是我要找的那个人。

那么，为什么受到光环效应影响的一见钟情往往又令有情人终成眷属，白头偕老了呢？一方面是因为光环下隐藏的其他缺陷并不突出，另一方面是因为对方可以接纳或已经习惯被隐藏的缺陷。倘若这两方面都不成立，那么恋人间的一见钟情是不可能有好结果的。

光环效应有一定的负面影响，在这种心理作用下，我们很难分辨出好与坏、真与伪，特别是对恋人一见钟情的女人们，很容易在识人上犯错误，大概正因为如此，才有人说"恋爱中的女人最愚蠢"吧。

## 爱情为什么总以悲剧收场

很多时候人们喜欢用凄美来形容爱情，的确，完满的结局只有极少数，有多少不尽如人意，有多少只可追忆。唯美爱情似乎都以悲剧结尾。

罗密欧和朱丽叶只能在上帝那里百年好合，梁山伯与祝英台变成蝴蝶后才能成双成对，《泰坦尼克号》中的杰克只能把他对罗斯的爱随同自己的身体一起永远埋藏在2500米以下的大西洋冰冷的海底……

为什么相爱的人不能相守终生呢？我们从经济学的角度来解读。这涉及一个经济学名词——吉芬商品。

英国统计学家罗伯特·吉芬发现，1845年爱尔兰发生灾荒，土豆价格上升，但是土豆需求量反而增加了，从而使"吉芬商品"的名词流传下来。

## 第九章 爱情的迷局

吉芬商品是指，价格上升引起需求量增加的物品。根据需求法则，消费者对商品或劳务的购买数量一般随着价格的上升而下降。而吉芬商品所表现出来的特性显然有悖于正常情形。

这种情况多发生在土豆这类低档商品中。当土豆价格上升时，消费者变穷了，收入效应使消费者想少买肉多买土豆。同时，由于土豆相对于肉变得更为昂贵，替代效应使消费者想购买更多的肉和更少的土豆。但是，收入效应如此之大，以至于超过了替代效应，结果消费者的反应是少买肉、多买土豆。

由此可见，首先，吉芬商品必须是一个不可替代的东西，就如同以土豆为主粮的贫困家庭，它的替代效应非常的少。其次，它必须占据某个家庭收入的较大比例，因而收入效应就会非常强。在一个物质产品极为丰富的社会里，这样的产品几乎是找不到的。比如不吃土豆，可以吃米饭、馒头；不去看书，可以去咖啡厅。

吉芬商品跟爱情有什么关系呢？因为爱情也可以同时满足极低的替代效应和极高的收入效应。

首先，在祝英台的心目中，梁山伯是绝对无可替代的，多少金银财宝都无法替代她对梁山伯的真情；其次，梁山伯的收入效应极高，因为祝英台愿意离开名望富豪的家族与梁山伯私奔，可见梁山伯占据了她无穷大的收入。可知，他们的爱情就是吉芬商品。

梁家和祝家越是阻止他们，他们在一起的难度就越大，但对于祝英台来说，梁山伯的价格就越高，阻碍不但没有减弱她对梁山伯的爱意，反而激起了她更加强大的爱情力量。当两个家族对他们的阻力越来越大，大到无法逾越，祝英台只能以她的全部收入，也就是她的生命来换取她所需要的爱情。同理，梁山伯也一样，所以他们的结局只能是悲剧。

爱情的另一种悲剧结尾是，受到阻挠的一对情侣最终真的突破藩篱走到一起，但是却发现对方并不是那么完美，两个人的感情并没有想象中的那么深厚，最终出现的结果便是在新的现实下，各奔东西，上演爱情悲剧的另外一个版本。

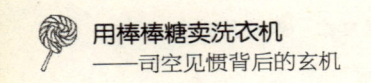

恋爱可以引发很多不可思议的心理效应，人们认为门当户对、受到周围人祝福的爱情才会发展得比较顺利；实际上，越是受到外界的阻力，比如双方父母的强烈反对，越能加深恋人之间的感情。在现实生活中，也常常见到这种现象，父母的干涉非但不能减弱恋人们之间的爱情，反而使感情得到加强。父母的干涉越多，反对越强烈，恋人们相爱就越深。在心理学上，这种现象被称为"罗密欧与朱丽叶效应"。

心理学家德斯考尔等人在对爱情进行科学研究时发现，在一定范围内，父母或长辈干涉儿女的感情，则青年人之间的爱情也越深。就是说如果出现干扰恋爱双方爱情关系的外在力量，恋爱双方的情感反而会更强烈，恋爱关系也会变得更加牢固。这是因为人们都有一种自主的需要，都希望自己能够独立自主，而不愿意自己是被人控制的傀儡，一旦别人越俎代庖，代替自己做出选择，并将这种选择强加于自己时，就会感到自己的主权受到了威胁，从而产生一种心理抗拒，排斥自己被迫选择的事物，同时更加喜欢自己被迫失去的事物，正是这种心理机制导致了罗密欧与朱丽叶的爱情故事一代代地不断上演。

由于人的心理无法改变外界障碍的现状，于是加深感情以逾越障碍。此外，人们还会产生错觉，把战胜困难的力量误认为是爱情的力量，把逾越障碍的成就感转换为恋爱的感情。心理学家的研究还发现，越是难以得到的东西，在人们心目中的地位越高，价值越大，对人们越有吸引力，轻易得到的东西或者已经得到的东西，其价值往往会被人所忽视。

理性对待"罗密欧与朱丽叶效应"：外界阻挠越大越要爱得"荡气回肠"。或许在旁观者的眼中两人的爱是"轰轰烈烈"的，但出人意料的是，这样成就的婚姻很多最终很可能会走向离婚。这是由于受外界阻力而激发升温的爱情，往往经受不住悲伤的考验，两个人一旦遇到悲伤的挫折，爱情就容易产生裂痕。

第九章 爱情的迷局

## 爱情是两个人需求的互补

在现实生活中，人们的婚姻都是以性格和需求的协调互补关系缔结的，夫妻之间性格互补是关系和谐的一个很重要的因素。有很多人把分手和离婚的理由归结为"性格不合"，其实，在有爱情滋润的日子里，所谓的"性格不合"完全可以巧妙地转化为配合默契的"互补式爱情（婚姻）"。

一般说来，在择偶的过程中，人们总是在寻找自己不具备的东西，因此，两个性格不相似的男女就比两个性格完全相同的男女更容易"相中"。这就是人们在性格上"异质相吸"的倾向。比如，文静的妻子与幽默的丈夫，双方的个性倾向和行为特征正好都满足了对方的需要，并构成了双向的互补关系。一个支配型的男人愿意娶一个依赖型的女人做妻子；一个泼辣厉害的女人愿意与一个被动沉默的男人结合，也都是这种情况。

当然了，双方的性格差距太大，呈现两个极端的人也不宜结合。例如，"主从"搭配的性格通常是理想的，但如果一方过于咄咄逼人，一方极端消极被动，两人就很难有一致的思想和行动；如果妻子主宰性过强，丈夫一贯扮演"妻管严"角色，也难以维持长久，到头来不是妻子嫌丈夫"窝囊"，就是丈夫忍受不了"压抑"而"奋起反抗"，再如，独立型和依赖型性格的配备也应恰到好处。一个在感情和行动上都过于依赖对方的人，在恋爱期间也许被认为是"专一"、"忠心"。但在婚后生活中就显得很不适应了，甚至会被对方当成"累赘"而厌恶或抛弃。

也就是说，在择偶的问题上，男女在性格上应该追求的是协调，能够取长补短。不求相同，但求"相通"，并且还要了解对方性格中有没有自幼生活环境遗留下来的病态心理和人格缺陷，充分估量这些因素对婚后生活的影响。据心理医生的看法，人格缺陷是很难矫治的，年龄越大，人格问题就越容易突现出来，而且越不易矫治。也可以说，有人格缺陷的男女，与任何人搭配成夫妻，都难有幸福美满的婚姻。这是青年男女在择偶时要认真考察判断的重要方面。

择偶中的需求互补也是显而易见的，有人把婚姻类比为一种交易，认为双方都在以一定的代价去换取自己需求的东西，在婚姻"市场"上，双方都在暗中"讨价还价"，以达到"平等交换"。一般说来，双方应有对等的资本才能进行这类交换，并且一方的资本为对方所需，包括相貌、性格、才华、教养、持家理财能力等。

值得注意的是，性格协调也好，需求互补也好，都不是常数，而是变量，在婚前交往和婚后生活的不同阶段上，双方的性格、需求会不断地调整、发展、变化，因此性格相配在不同阶段具有不同的内容和作用。

另外，在谈及需求互补时，还须指出一种情况，即处于逆境中的男女的择偶问题。常见的情形是，一个人在遭遇家庭不幸或事业挫折，或人际关系不良，或学业失败等特殊问题时，往往容易去寻求异性的感情安抚，甚至性的宣泄，以求摆脱不良心境。

这时，他（她）并不知道自己从根本上和从长远打算究竟需要什么样的伴侣，而只求眼前的满足，饥不择食地追寻"爱情"来填补空空荡荡的心。此时，任何向他（她）伸出援助之手的异性，都可能被当做"救命恩人"，被一把抓住，然而，当逆境过去，恢复常境之后，他（她）发现，当初的"救命恩人"并不适合做"终身伴侣"。于是，矛盾冲突、危机、离异问题就难以避免了。

某些上山下乡知识青年的初恋初婚及某些人在"文革"中结成的婚姻，后来发生婚变，可能就含有这种因素。因此，在择偶时，要分辨暂时需求与长远需求，切不可只顾眼前，使婚姻成为一种"权宜之计"或短期行为。

## 第九章 爱情的迷局

### 爱情有效期

有人说，时间是爱情的杀手，无论多么热烈澎湃的爱情，在时间面前都会投降，最终变得平凡而索然无味。为什么会有这种说法呢？爱情真的会在时间里逐渐消散吗，爱情究竟能够持续多久呢？

这是一个很难回答的问题，因为爱情和爱人的类型各不相同，每个人的爱情体验和其他人也会有所区别。然而，大多数爱情的结果是，沉浸在爱情中的20多岁的人发誓共度余生，并期待他们的激情会持续下去。但是科学研究发现，尽管伴侣有着良好的愿望，但最终的结果往往不能如愿，起码不会像伴侣们所期待的那样。

简单的真理是，人们结婚以后浪漫的爱情开始减少。随着时间推移，浪漫和激情之爱的得分降低！几年之后，丈夫和妻子们不再像当初那样声称他们可以为对方做任何的事情，也不会再像当初那样凝视对方时自己会融化在对方的眼神里。研究发现，结婚10年以后仍在一起的浪漫伴侣与结婚一两年的伴侣相比，前者在爱情量表中得分要低。

另外，浪漫爱情的减少有时候会非常迅速。仅仅结婚两年以后，伴侣彼此间表达亲密的时间比新婚夫妇减少了一半。在全世界都一样，结婚第四年里的离婚现象更为频繁。许多的伴侣，即使不是大多数，都未能维持他们的婚姻。

为什么浪漫不能持久呢？我们发现，至少存在以下几个方面的原因。

首先，幻想助长了浪漫。在某种程度上，爱情是盲目的，被激情冲昏了头脑的爱人，倾向于把恋爱对象理想化，弱化或忽略那些使他们踌躇不前的信息。一项研究发现，与女方几乎没有共同之处的男性，在没有真正见到她之前是不会被其吸引的。但是，如果他们有一段短暂交往，男方会忽略掉他们之间的不相容性而认为她是理想的伴侣。想象、希望和时闪时现的幻想可以使和我们很不一样的人变得有吸引力，至少是暂时的。当然，问题在于幻想会随着时间的流逝及经验的增多而减退。

其次，对新发生的爱情，仅仅是新奇本身也会增加激动和能量。第一次亲吻往往比接下来的成千上万次更令人震颤，而当人们被一个新的伴侣激发热情和入迷的时候，他们就不会意识到，同样一个伴侣在30年后会是多么熟悉和习以为常。当恋爱的时候，每件事都是新的，亲密感在不断增加，激情可能会在高点。然而，一旦关系建立起来，失去了新奇感，激情也就渐渐消退了。

最后，唤起随着时间推移而减弱。如我们所见，身体激动的表现，如脉搏加快、呼吸急促，无疑会强化激情。但它不可能永远保持激扬的状态！所以，即使你的伴侣能够一如既往地激发你的欲望（其实是不可能的），你也不会同样强烈地感受到。任何情况下，激情比亲密和承诺会更快地发生变化，也就意味着浪漫的爱情也会发生变化。

由于影响浪漫激情的幻想、新奇和唤起这三个因素，会随着岁月而消减，因此浪漫的爱情也会减弱。当然，在许多关系中，浪漫爱情不会完全消失，但它确实会低于伴侣决定结婚时的水平。

然而，我们并不想让这一消息令人沮丧。相反，我们认为它为如何拥有成功婚姻提供了重要建议。通常，促使人们

第九章 爱情的迷局

> 结婚的爱并不是使他们在几十年以后依旧牵手同行的爱。亲密比激情更为稳定。所以友伴之爱比浪漫之爱更为稳定。婚姻幸福的伴侣对配偶表达了更多的友伴之爱,这样的人也是真正快乐的。尽管不依赖激情,友伴之爱对正在经历它的人而言也是令人满足的。
>
> 也许我们从以上种种论述中能够提炼出一些建议。享受激情,但不要作为你希望长期持续下去的关系的基础;与爱人之间培养一种友谊;努力保持新鲜感;抓住每一个机会与你的配偶享受新奇的探索。如果对伴侣热切的渴望渐渐演变成为平淡但深沉的情感,不要觉得奇怪。这一幸福的结果可能会使你成为一个有运气的爱人。

## 结婚的动力在哪里

人为什么要结婚?有人说结婚的动力是想穿上漂亮的婚纱,化上漂亮的新娘妆美一美,并且推说这是所有女人的向往,表面上看,这种说法有一定的吸引力,但这种说法其实说明的是,一对本来计划结婚的情侣为什么要将婚礼付诸实现罢了,它并没有揭示人为什么要选择结婚。

关于人为什么要结婚的另一种回答是"因为爱情",但通过前面的分析,我们知道单单一个"因为爱情"并不足以成为结婚的全部理由。1992年诺贝尔经济学奖获得者贝克尔,从经济学的角度为我们揭示了结婚的动力究竟在哪里,他说:"当结婚的预期效用超过继续单身的预期效用或再找一个更为合适的配偶的预期效用时,就会决定结婚。"

那么,婚姻能给人带来怎样的预期效用呢?同样是贝克尔说道:"结婚

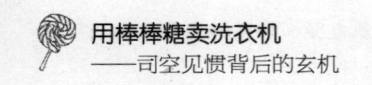

的收益来自投资于非市场活动的时间和获取市场物品的力量方面,男人与女人之间的互补。"

我们知道,恋爱和婚姻是需要成本的,你的时间、金钱、财物都要花费很多,这些都是直接的成本,还有选择一个人、放弃另外一个人的机会成本。在成本和收益的比较中,人们不会做亏本的买卖,时间多,金钱多,爱情光顾的机会也更多。由此看来,结婚更主要的原因是收益大于成本。

选择结婚或单身都是人们在成本与收益间权衡的一种理性的选择。每个结婚的人都希望从婚姻中获取最大效用,具体说来有如下4点:

一是获得性的满足和情感的寄托,稳定健康的性伴侣对双方都有好处。

二是能够获得规模经济效益。通过婚姻的形式可以使双方的收益达到最大,是一个互补双赢的方案。例如,两个人一起生活会使成本降低,比如住房和家具,一个人生活用一套,两个人生活也是用一套。

三是互相提供信用,协调人力资本投资的收益。比如一个人支持另一方做生意,最后实现总效用的增加。

四是起到防灾保险的作用。比如一方生病了,有人照顾,在因生病而失业的状态下有人支付医药费用。

另外,还有家庭的福利、知识和智慧的交融、小孩带来的乐趣等等。有了那么多的好处,大多数人当然选择结婚了。

但大家的婚姻生活能不能保持稳定,取决于交换价值能不能保持平等。从经济学角度来看,婚姻生活就是"交换"。如果有一方的付出和得到不平衡,就会出现心理不平衡,久而久之,婚姻就会出现裂痕。我们常常看到,离婚的双方总有一方认为自己付出了很多,结果什么也没得到,对方则是"狼心狗肺"。实际上,这本身就是经济学的一个命题,你的付出与回报没有取得平衡,因为天下没有免费的午餐,婚姻也一样。

其实结婚可以是一个双赢方案,双方都是自愿,双方才能同时受益。这种付出不是货币等显性方式,而是用双方的真诚所搭建而成的壁垒,壁垒的坚硬程度就取决于你们之间的诚意和付出的成本。

第九章 爱情的迷局

## 同居与离婚

与结婚相对的是什么？有人说是离婚，也有人说是同居。确实，对结婚的不同理解和观照，会得到它的不同的相对含义。如果说结婚是表示婚姻生活的开始，那么离婚就是它的对面，它代表的是婚姻生活的结束；如果说结婚是通过受到法律保护的形式来确认两个人的伴侣关系，那么同居就是以不受到法律保护的形式来维持两个人类似的关系。

人为什么会选择同居，其中都考虑了哪些因素？离婚，又与什么有关，真的是法律决定是否能够离婚吗？

一天，某经济学家带着一名年轻女子到珠宝店买戒指，两人挑选得非常仔细。在女子挑了一颗明亮的钻戒后，经济学家去付账。

店员小姐微笑着对经济学家说："您是同那位小姐来挑婚戒的吧？恭喜您了。"经济学家听了，摇了摇头，说："不，我们不过是庆祝同居一周年。"店员小姐很疑惑，又问道："可是，您既然愿意为她买戒指，为什么不同她结婚呢？"

经济学家苦笑着说："因为我不愿意为她花更多的钱，和她结婚的成本可要比同居的成本高多了。"

经济学家的说辞，恰恰反映了现在很多人的心声。男女相恋，两情相悦，用不了多久就会住在一起，人们也见怪不怪。

西方经济学家对此解释说，很重要的一个原因就是结婚成本太高。在现代社会，爱情越来越抵抗不住物质财富的冲击。现在人们的生活成本比以前要高很多，上学、就业、养老等林林总总一大堆，一旦结婚，就要付出无数的精力和成本。尤其当你过早结婚，提前承受压力，外部世界的诱惑也逐

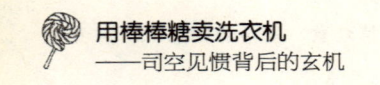

渐增多,婚姻中面临的变数也越来越大。

其次,离婚的成本也很高。结婚不仅是个体的联姻,更是两个家庭的结合。当夫妻关系破裂时,首先损害的是家庭的感情联系,之前的所有感情投入、感情联系瞬间消失。还有,要涉及财产和孩子的费用问题。双方的共同财产被分割,而孩子的抚养费用也成为不可忽略的重要支出。况且,离婚带来的精神压力、健康压力是无法用金钱来衡量的。

所以,婚姻就变成了很多人的人生赌博,一旦输掉,可能就输了一生。于是,同居就变成了一张信用卡,进行婚姻的提前消费。这是许多人眼中规避婚姻重大责任和压力的"理性"选择。他们觉得,同居结合了恋爱和婚姻的好处,使相爱的人不再分开,又享受到婚姻的收益。

另外,对于再婚的男女来说,他们之间本身就很难再建立起彼此的信任和对婚姻的依赖,不成功的比例往往比初婚还高,同居就是给彼此的一个回旋余地。

我们再来看关于离婚的情况。

一个男人想要离婚,但他的妻子不愿意。结局会怎样?有人可能会说,这与法律有关。如果法律规定单方愿意可离婚,他们就可以离婚;如果法律规定只有双方都同意才能离婚,那么他们就离不了婚。

实际上,在离婚中法律只是小问题或根本不成问题,关键是他们二人对离婚价值的判断。如果男方认为离婚价值高于女方,就可以离婚;否则,就离不了。

这有两个经济学的假设:第一,法律规定只有当夫妻双方都同意的前提下才能离婚。第二,假设男方认为离婚的价值是10万元,女方认为离婚的价值是7万元。于是,只要男方支付女方高于7万而低于10万元的价钱就可以离婚。

我们再假设,女方对离婚的价值评价是10万元,男方认为是7万元,那么,无论法律怎么规定,他们都离不了婚。

所以,能否离婚与法律的规定关系不大,关键问题是夫妇双方谁更在乎婚姻。如果不想离婚的那方估价高于另一方,那么就离不了婚;反之,就可以离婚。

不过，要注意的是，在这里我们没有考虑交易谈判的成本，可在现实生活中，不仅存在这项成本，而且还很高。如果是这样，我们最后的结论就不是"谁出价高谁说了算"。假设离婚中的交易成本远远大于这夫妻俩的估算，甚至高于他们对于离婚的价值判断，那就很难离婚了。这也就是为什么在 2010 年的全国两会中，有代表提出通过增加离婚难度，来减少冲动离婚，而降低离婚率的原因了，当然，这样的提议也可能导致的结果是，人们更多地选择同居而不是结婚，导致结婚率也降低。

## 男人爱撒谎，红颜多薄命

我们在前面说过"恋爱中的女人最愚蠢"是由于一见钟情蒙蔽了女人的眼睛，那么，女人的耳朵又干什么去了呢？实际上，让女人"愚蠢"的绝不会仅仅是对方的外表，现实中更多的情况是对方的甜言蜜语打动了自己的芳心，才让内心微波荡漾。如果说女人的耳根子太软，也可以归入一见钟情惹的祸，那么，为什么男人总是爱用这些甜言蜜语来吸引女性呢，为什么男人都是撒谎精转世？

我们有必要澄清一下谎言的定义，谎言不只是欺骗性的动机下说出的话语，而且应该包括没有得到兑现的承诺，所以，只要是所说与实际不符，就是撒谎。

男人在爱情中的谎言数不胜数，"我会爱你一辈子"，"你是我永远的甜心"，"放心，我一定给你买最漂亮的钻戒"，等等，不一而足。这样的承诺听起来顺耳，然而真正能够兑现的少之又少，也就是符合我们所说的撒谎的定义。

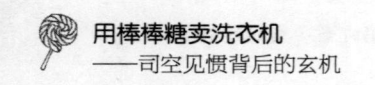

# 用棒棒糖卖洗衣机
## ——司空见惯背后的玄机

男人为什么爱撒谎呢？经济学家认为，撒谎是因为"知易行难"，即"说"的成本比"做"的成本要低很多，所以，我们总是说得很多、做得很少。这就好比，当你说一个月要减肥5斤的时候信誓旦旦，一旦落实到行动中，各种各样的理由就出来了，懒得运动、戒不了冰激凌、拒绝不了蛋糕的诱惑。或者，你承诺要早上5点起床送朋友去机场，但当早上爬起来时，才发现如此的困难。也就是说，你"说"很便宜，"做"却很昂贵。

撒谎可以按照需求原理来分析。需求原理认为，在其他条件不变的情况下，价格降低，需求就会增加；价格升高，需求就会降低。也就是说，物价打折后，你就多买，物品不打折，你就少买或不买。因此可以推论，对于便宜的东西，我们买得很多；对于贵的东西，我们买得很少。爱情中"说"很便宜，"做"很贵，所以，我们往往在"说"某件事的时候，实际上很少做或根本就没有做，于是我们的行动跟不上言语，也就导致我们倾向于撒谎。

不过，爱情中的人们的智商可能会稍微低一些，总喜欢听甜言蜜语。只要听到了，就已经满足了，已经获得很大的欣慰，至于做没做，或做了多少，或许已经不重要了。这取决于你的对象和所承诺的事情，还有你的运气。毕竟，不是所有人都会轻易地容许恋人撒谎，或者容许欺骗的重复出现。

有一句古话说的是："自古红颜多薄命"，似乎用男人爱撒谎可以解释这个现象。然而，实际情况并非如此，爱情中的谎言并非男人的专利，我们只是以男人来举例罢了，爱情中女人的谎言同样"随处可见"。红颜多薄命，可以从其他的经济学角度来解释，当然，这里的"红颜"可能也适用于部分男性，只是我们这里用女性作为例子罢了。

众所周知，美丽的女人永远稀缺，而稀缺在经济学来讲本身就具有经济价值。再加上温婉、明理、知性等"软性"资本，就更包含着巨大的"潜价值"。那如何让"潜价值"变成"显价值"呢？或者"潜价值"又是如何消失的呢？我们不妨分析一下。

对于一个美人的爱情命运，我们可以利用博弈论来分析。假设有一个美女，最初有10个男人追，这10个男人有优秀者、花心者、忠诚者和贫穷者。美女在10个男人之间挑肥拣瘦，根据自己的判断标准对追求者做出判

第九章 爱情的迷局

断、选择和取舍。但随着追逐者的增多、时间的增加，一些好男人也对美女的道德人品产生了怀疑，再加上这些好男人自己周边的花草逐渐增多，便对这个美女逐渐失去信心，纷纷退出角逐。

最后，在众多男人的博弈中，"劣币驱逐良币"，有钱有权的花花公子成了最后的胜出者，女人的命运也就注定悲惨了。这就是美丽的女人总找不到优秀男人的原因。

研究表明，美女的家庭暴力发生率比一般家庭要高得多。在这些不幸的婚姻中，男子具有先动优势，又具有较低的退出壁垒，而女子则处于明显的后动劣势，而且有无限高的退出壁垒，结果自然是女人吃亏，难免红颜薄命。

还有另一种情况，很多美女们自恃先天的美貌资源，"学得好不如长得好"，放弃了学习、上进。她们最初在众多男人的追逐中获得不少实惠(比如经济、虚荣心的满足等)，沉溺其中，一直找不到完美的对象，时间一长，就会游戏人生，玩弄男人，最终毁灭了自己的家庭幸福和个人幸福。

纵观原因，不外乎不珍惜和不满足两种。美貌是天生的，所以无须付出便已有收获，不懂珍惜实属正常。不满足是对自身美貌的过度自负、过于沉溺，总要寻找完美的男人，岂不知世间从无完美的男人。这场不断寻找完美男人的过程实质上是"劣币驱逐良币"的过程，自以为最好的在最后，实质上留下的都是金玉其外，败絮其中。

## 人们总是把婚姻做最坏的打算

有人说："婚姻是爱情的坟墓"，且不论其观点是否正确，只从这种说法中，我们就能看出人们对婚姻的成见，即人们总是不自觉地把婚姻做最坏的打算。这种把婚姻往坏处想的趋势,从谈恋爱开始,到谈婚论嫁,以及婚后的整个过程中都会存在,如果存在离婚的情况,离婚后则更会加强对婚姻的恶劣印象。总之,在很多人的心目中,婚姻甚至可以称得上是万恶之源。即使是那些把婚姻看做美好事物的人,其实也在无意间把婚姻做了最坏的打算。

恋爱中的最大苦恼,莫过于"我爱的人不爱我,爱我的人我不爱"了,一首《爱我的人和我爱的人》唱出了多少人的心声。有一位和男友分手的女孩,这样倾诉自己的苦恼:

跟他在一起1年多,现在却突然地分开了,有人说他有了别的女人,他说不是,我相信他,我知道真正的原因是他还记着前女友,我问他爱不爱我,有没有爱过我,他说有,不过是以前,我很疑惑。

既然爱过为何会分手,原因竟然是可笑的"我对他太过的好",让他觉得对我不公平,因为他的心里没把我放在第一位。其实刚交往不久的时候我就发现这个问题,只是我一直在等,等待着他能回心转意,我尽自己一切的努力来换回他的心,可是我还是失败了,而且输得很不甘心,很不服气。

爱我的这个人,我们认识了3年,那时我前男友刚好也在追求我,我答应了前男友,而拒绝了爱我的人,当他知道我和前男友分开的消息后,又来追求我了。朋友们都说他人很好,要我别让这样的好男人从自己身边走掉,毕竟现在这个社会这样的人实在是太少了,终于被他感动了,于是答应了跟他先交往,以后再考虑结婚的问题,他很高兴。

可是,我骗得了别人还是骗不了自己的心,我真不知道我这样做到底对不对,我真的还放不下前男友,我知道跟他已经是不可能的了,可心里就是放不下,又不忍伤害这个爱我的男人,我真的好烦,好累。

不知道这是不是叫报应?这不就是我跟前男友的写照

## 第九章 爱情的迷局

吗？只是人物变了……

尚未走进婚姻的殿堂，就在我爱的人与爱我的人之间"纠缠不清"，这就为婚姻打下了一个悲剧的基调。无论是与我爱的人结为伴侣，还是与爱我的人举行婚礼，都是一场不平等的爱情"结晶"，婚姻被涂上了最坏的色彩。

也许，只有两情相悦，彼此深爱的人才能走出这种藩篱。然而，还是经常听到情侣间这样的问话，尤其是以女的问男的居多。"结婚后，你还会像现在一样对我这么好吗？"不必管被问的人怎样回答，单就看这个问题本身，就说明了问话者的不自信，是在潜意识里觉得对方会在婚后，对自己没有现在好。

这种想法是普遍存在的，我们经常能够从正在谈婚论嫁的男女本人，或是他们的父母亲戚那里得到这样的说辞："现在都不肯听你的话，说不定以后还要怎样对你呢。""别看现在挺勤快的，实际上狐狸尾巴还没露出来。""今天和他要这么一点钱都不给，那以后更没门了。"如此等等。我们从中发现一个共同的特点，就是认为对方会在结婚后比现在更吝啬，更懒惰，更蛮横，总之，没有一处是往好的方向去想的。

对于婚后的人来说，婚姻在他们的心目中依然没有什么好印象，与婚前的浪漫相比，婚后的生活更多的是柴米油盐的烦恼，曾经期待的小浪漫统统消失不见，于是会觉得婚姻真的是一个以幸福为名的陷阱，并因此把婚后久久长长的日子看做煎熬，把婚姻做最坏的打算。如果因为什么原因而产生婚变，离婚的结果则更让那些人对婚姻持反感的态度，婚姻在其心目中被永远地钉在了耻辱柱上。

当然，我们这里是举了把婚姻做最坏打算的情况，现实中并不缺乏婚姻美满幸福的例子，并且还是现实中的主流，

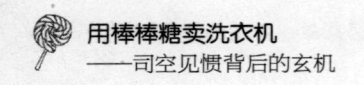

## 用棒棒糖卖洗衣机
——司空见惯背后的玄机

只是要指出的是,在主流的大背景下,依然可能存在着把婚姻做最坏打算的暗流。并且,把婚姻做最坏的打算本身,就是因为没有得到自己心目中更为理想的幸福婚姻而产生的落差和遗憾。

在绝大多数人的眼中,得不到的总是最好的,这就与人们对幸福的理解有关了。

# 第十章
# 幸福从何处来

　　也许人生的最大目的,就是追求幸福,然而,都有什么是影响幸福的因素呢?我们知道,没有钱就会感觉不幸福,这是为什么呢?是不是有了钱就一定幸福,这也未必。幸福到底从何处来,又向何处去,这是一个人们始终关注的话题。

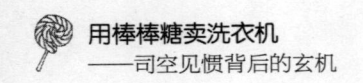

用棒棒糖卖洗衣机
——司空见惯背后的玄机

# 有钱才谈得上幸福

古希腊七贤之一的梭伦,将"有中等财富"视为幸福应具备的五个要素之首。——财富等于幸福吗?一定程度上等于。

财富对人们幸福感的影响十分重要,由于金融资产形式出现的财富具有很强的流动性,容易转化为其他资产形式,更能够满足于人们的灵活偏好选择,因此它对幸福感的影响更加直接,也更加强烈。

第二次世界大战后,驻日的美军司令部里,有一名叫威尔逊的犹太人,由于他军衔较低,收入微薄,因此受尽了白人士兵和高级军官们的歧视,很多人都看不起他,还在背地里叫他"犹太穷鬼"。

饱尝了侮辱和生活艰辛的威尔逊,为了改变自己的命运,省吃俭用,积攒了一小笔钱。然后他利用自己聪明的头脑,将这些钱都借贷出去。当时,白人士兵花钱时大手大脚,很快就会囊中羞涩。他们见威尔逊有钱,自然就会向他借。当然,这些钱都附带着高额的利息。不过士兵可管不了那么多,他们只求能解燃眉之急。

于是,威尔逊就在收到利息之后继续进行放贷,借给其他士兵,久而久之,威尔逊已经变成了士兵里面的"大款"。人们再也不敢说他的坏话了,他们只会对威尔逊惊羡不已,因为威尔逊靠放贷过上了富裕的生活。他拥有了两部车和一幢别墅,比军队里的高级军官还有钱,享受的待遇也更好。

自从有钱之后,威尔逊就感觉整个世界都变了,他得到了人们的尊重和礼待,他拥有了更多以前只有白人士兵才会享用的物品,并且只要想买,他什么都可以购买,再也不必像以前一样窘迫。

后来,当威尔逊回忆在军营里最难忘的时刻时,他说:"我至今仍深深

第十章 幸福从何处来

地记得,有一阵子我衣衫褴褛,连在人前抬头的勇气都没有。那段时间,我至今都无法忘记,因为只有这样,我才能深深体会到,现在的生活是多么的幸福。"

从古至今,犹太人一直遵循着这样的格言:"富有是近亲戚,贫困是远亲戚。"犹太人的历史一再地说明,只有有钱人才能拥有尊严和幸福,那些没有钱的人注定是可怜人。就像上面故事中,在威尔逊没有钱的时候,他感觉到痛苦和屈辱,而当他有钱的时候,他受到了优待和尊重。单从感受上讲,这两种体验就大为不同。

国外一本名为《幸福与经济学》的书中说:"经济状况强烈影响着人们的幸福。"许多人都认为,财富是实现幸福最佳的物质基础,如果没有钱,什么都谈不上。

现实也确实证明,有钱的人就可以拥有更多的享受,可以更健康,可以生活得更舒适、更安逸。当这些因素统统转化为人的内心活动,转变成幸福指数被反映出来时,有钱人的生活就显得更幸福。

虽然我们经常说,金钱与幸福没有必然的联系,然而,金钱带来的效用却能让人感到更加幸福。由于幸福更多的是人们的一种主观感受,因此,有钱人生活得更幸福就成为一种被肯定的事实。

当然,有钱人要生活得幸福,一个重要的前提是合理地获得和利用金钱。因为,当人们不能合理利用金钱时,比如通过非法手段获取钱财或者使用财富,幸福感就会严重被削弱,幸福指数也会急剧下降。

## 有钱却不一定幸福

财富等于幸福吗?应该说不完全等于。

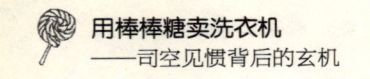

## 用棒棒糖卖洗衣机
——司空见惯背后的玄机

在收入水平很低时,收入的增长对幸福感的增长影响强烈;以后随着收入增长,幸福感的增长趋于微弱;收入水平越高,幸福感增长越小。收入水平中有一条线。在这条线下,收入的增长对幸福感的增长影响强烈,在这条线上,收入的增长对幸福感的增长影响微弱。

从这个规律可以发现,基本的物质财富对于幸福是很重要的。缺乏基本的舒适生活条件的人,幸福感往往也较低,随着财富的增加,人的幸福感也慢慢增长。但在这种基本生活条件满足之后,财富与幸福之间并没有绝对正向的线性关系。在"衣食足"的这群人中,财富的多寡,与幸福的关系开始出现负面效应。或者说,在达到舒适富裕之后,财富的增加所带来的幸福感会越来越弱。

美国伊利诺伊大学心理学家艾德·迪纳尔所调查在《财富》杂志上个人资产排前100名的美国人,也发现他们并不比普通人快乐很多。他们的资产净值都超过1亿美元,有足够的钱来购买他们不需要也很少在乎的东西。在接受调查的49人中,有4/5的人赞同"钱可以增加或者减少快乐,关键要看如何用它"。

作家康尼夫在《大狗》中说:"不论富人们乐意与否,有钱会使他们孤立于一般大众之外。我们也许以为庞大的财富能给人自由,让人随心所欲地做你自己,尽量与别人不一样。其实事实正好相反,有钱人通常会变得越来越相似。他们常光顾同样的商店,雇佣相同的建筑设计师。"

从"效用最大化"出发,对人本身最大的效用不是财富,而是幸福本身。财富仅仅是能够带来幸福的因素之一,人们是否幸福,很大程度上取决于许多和绝对财富无关的因素。

2007年4月,中国人口福利基金会等几个组织联合发起了一个关于最具幸福感的城市调查。榜上有名的城市里,经济发展水平高的城市往往不如生活悠闲的城市更有吸引力,以生活休闲著称的杭州和成都两地的幸福指数超过了北京、上海。这或许可以看做财富与幸福关系的一个小小例证。

一个城市给人的幸福感是包罗万象的,从生活节奏、人情味、赚钱机

会、生活便利程度，到自然环境、文化娱乐、治安、经济发展，甚至于建筑的美观程度等等。一个人的幸福内涵也同样丰富。财富的绝对鸿沟永远无法填平，而幸福却是每一个人都可能拥有的宝贵财富。

## 幸福与经济学

有一天，富人碰到穷人，问："你知道什么是幸福吗？"

穷人对自己的生活很知足，回答说："我现在的生活就很幸福。"

富人不以为然，看着穷人漏风的茅舍、破旧的衣着，说："我的生活才是真正的幸福，豪宅百间，奴仆千名，锦衣玉食，荣华富贵，你现在的生活穷困潦倒，怎能称为幸福呢？"

谁知好景不长，一场大火把富人的百间豪宅烧得片瓦不留，奴仆们各奔东西，一夜之间，富人沦为乞丐。他路过穷人的茅舍，想讨口水喝。

穷人端来一大碗清凉的水，问："你现在认为什么是幸福？"

富人眼巴巴地说："幸福就是口渴时有水喝。"

关于幸福的说法，自古以来就一直争论不休，每个人都有不同的看法。有人说幸福是"数钱数到手抽筋，睡觉睡到自然醒"。也有人说幸福就像小狗的尾巴，想捉捉不到，可当它快乐地、昂首挺胸地往前走，尾巴就乖乖地跟在它的身后。

2002年获得诺贝尔经济学奖的卡尼曼教授及合作者塔夫斯基将"幸福"作为经济学命题来研究，认为人们应该关心如何提高幸福本身,因为人们最终追求的是生活的幸福,而不是有更多的金钱;不是最大化财富,而是最大化人们的幸福。

萧伯纳说:经济学是一门使人幸福的艺术。经济学家们的一切努力其实应该都是为了幸福最大化,尽管很多经济学家把关注的目光放在了物质财富的增长上,但还是有人将经济学中的幸福精确地简化为效用。美国经济学家萨缪尔森曾经给出一个幸福方程式:

**幸福 = 效用／欲望**

读懂这个公式并不难。萨缪尔森想要表达的不过是,幸福程度与效用成正比,与欲望成反比;当欲望既定时,效用越大越幸福;当效用既定时,欲望越大越痛苦。

如果把效用看做一种心理感觉,欲望得到满足就是效用,那么,效用要消费物品或劳务才能得到,消费物品与劳务要有收入。从这种观点出发,没钱绝对不幸福,但有钱也并不一定幸福。有些经济学家认为,在人的幸福中由金钱带来的幸福仅仅占20%,甚至更少。对低收入者而言,金钱与幸福的关系更为密切;但对于高收入者,金钱与幸福的关系就要淡得多。

在现实生活中,关于幸福和不幸福要从两个方面看,即我们的欲望与满足欲望的手段及能力之间是不是能够平衡。如果有了一个欲望,然后通过自己的能力或者外部提供的条件使这个欲望得到了满足,你会有一种幸福感。满足的程度越高、强度越大、时间越长,你会越幸福,满足的过程当中如果又有新的满足加进来,你会感觉特别幸福。当这个平衡被打破,你会感觉到不幸福,会感觉到痛苦。

第十章 幸福从何处来

## 时间、健康与幸福

不同的人对幸福的理解不同,因此在满足欲望的过程中,也会对欲望有不同的排序。有的人首先想满足的是物质的欲望,有的人是人际关系需要的欲望,还有一种纯粹是要满足精神的需要,比如对国家、民族、理想或者是艺术欣赏或者道德追求。这么说来,关键是要根据自己想要达到的目标来进行奋斗,进行一种时间、精力的投入和安排。

幸福可以表现为度过快乐的时光、拥有健康的身体,同时,幸福本身也需要投入时间、健康来换取和获得。

毕淑敏在《破解幸福密码》一书中谈到了人们对待幸福的几种类型,其中有一种叫做"黄连团子型",所谓的黄连团子,就是用黄连磨成粉当做皮,把一个美好的理想当成馅包起来。吃的时候,由于是先吃到黄连做成的皮,会感觉到苦味,而后才品尝到梦想馅料的香甜,这与我们经常所说的"先苦后甜"是一个道理。

毕淑敏对这种中国人中间普遍存在的对待幸福的态度,持一种反对的态度,她认为长期生活在这种清苦之中,会让人变得麻木,对幸福缺乏敏感,并且会因为总是把幸福寄托在遥远的将来而最终无法享受真正的幸福。但是,这种现象的普遍存在,说明了另外一个更为基本的道理,那就是,幸福本身就需要投入今天的时间和精力,来争取,来获得。

把时间花在学习上,你可以获得知识;把时间花在工作上,你可以获得业绩,知识上的增加和业绩的提高本身,都是致使人幸福的条件和表现。所以说,投资时间,你才能够拥有幸福。

花在学习上的时间,可能一时见不到功效,可在这种潜移默化之中,你

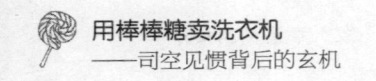

会逐渐提高层次,然后由量变到质变,必有厚积薄发的时刻。世界上最昂贵的是时间,最便宜的是学习。

在工作期间,任何漠视时间的做法都是不恰当的,给组织造成损失的同时,也给自己的发展带来负面影响。你的考勤表不单是发薪水的依据,还代表着你的责任感和敬业程度。

时间犹如一位公正的匠人,对于珍惜年华者和虚度光阴者的赐予有天壤之别。珍惜它的人,它会在你生命的碑石上镂刻下辉煌的业绩;而对于那些胸无大志的懦夫懒汉,时间却像一个可怕的魔鬼,难以打发。总之,谁对时间越吝啬,时间对谁越慷慨,要时间不辜负你,首先你要不辜负时间;抛弃时间的人,时间也抛弃你。

既然时间可以换取幸福,那么,浪费时间就是让幸福消亡的"手段"。时间最怕的就是被拖延,拖延会影响你的学习效果,会耽搁工作的进程,影响我们走向成功,而且在自己的精神上也常常会产生许多负担。有多少大好时光,就在我们的懒散拖延中悄悄流走。对付拖延的秘诀就是一次只做一件事,并且马上行动。

浪费时间,还包括浪费别人的时间,或是被别人浪费时间。鲁迅先生说,浪费别人的时间,就等于图财害命。以前人们觉得闲坐着聊天、无聊地打麻将、长时间地喝酒是浪费时间。其实现代社会,浪费时间也有了不同的表现形式。例如没法对别人说"不",就是浪费时间。在传统文化中,有求必应是一种美德,但是如果所有人的要求你都要设法满足,你自己的要求就会被淹没,你的幸福也就无法靠岸。

时间的长短,决定于使用时间的长度。在同样的时间里,有的人做的事少,这样的时间就有了长短的区别。只要你养成珍惜每一刻而去努力的习惯,每天比别人多挤出一小时,这样积累下去,就会产生不可思议的结果。

我们常说,年轻就是最大的资本,这是由于年轻人有着更多的时间,这些时间可以谋取幸福。同时,年轻人有着最多的健康,健康也能用来获取幸福。经济学把健康也定义为一种商品,它可以有产出和收益,健康是创造财富的资本,是获得幸福的基础和条件。人生是一个长期的过程,并不是说只要坚持"活在当下"就能享受幸福，很多时候一个人享受的财富和方便，都是先前积累和准备的结果。与年老时相比，年轻时更为健康，理所应当地可以完成更多的积累，为人生长期的幸福做足准备。

需要指出的是，健康本身也能带来舒适和快乐，也就等同于拥有更多的幸福。身体健康的人，往往比身体不健康的人更容易快乐；而精神健康的人，有较好的自我调试能力和人际关系处理能力，心情愉快的时候会比精神不健康的人多。

## 真正的幸福是自由

一方面，时间、健康是促进幸福的条件和基础，可以用时间和健康来获得（换取）幸福。另一方面，幸福本来就是为了追求对时间的自由支配，追求健康的身体和心理状态。因为，我们深深地懂得，太忙的人无暇享受幸福，身心不健康的人也根本谈不上享受生活。

有人这样描述自己的儿时记忆：一个有月亮的晚上，村头晒谷场上，天还没有黑的时候，村里男女老少都陆陆续续来到这里纳凉，拉家常。小孩子听大人讲故事，大人听小孩子唱白天从学校里学来的歌。到了冬天，只要出太阳，大人小孩挨着谷场上金黄色的草堆或蹲或坐，边晒太阳边聊家长里短，太阳的光和着从草堆中散发出的稻草暖烘烘的气味，十分惬意。

然而，现在很难看到这样的景象了。生活在钢筋混凝土筑成的大厦里的人们很少有这种闲适心情。如今的乡下也已是另一番景象：年富力强的人出去打工，只剩下老人和孩子。

在人们越来越忙碌的今天，人们往往会越来越感受不到生活的幸福。人们忙着追求财富、追求权力、追求知识、追求健康，却忘记了追求的最主

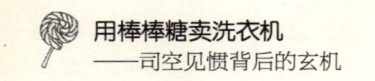

要目标是幸福,是自由。闲暇是幸福的重要组成部分。罗素说:"活得太忙了,和许多美好的事物无缘。"美好的世界等待着能够发现它们的眼睛,人太匆忙,会走马观花。品味生活的美好,需要闲情逸致。

冯仑在《野蛮生长》里谈到幸福的理由时,有一条就是不需要计算时间的时候最幸福。他认为,人们的很多痛苦往往来源于跟时间过不去,比如说昨天睡晚了,两三点睡觉,早上 7 点就要起,好痛苦。于是一觉睡到自然醒就是幸福。仔细想一下,每天的痛苦大多都跟时间有关,几点这样几点那样,人成了时间的奴隶。人类发明钟表以后效率提高了,但人的确不大幸福,相信 10 万年以前的人没有这么多和时间过不去的痛苦。

不需要计算时间的人,确实是幸福的,真正的幸福便在于能够自由地支配时间。万科董事长王石能够"抽出"大把的时间去爬山,因为他已经可以消费时间,而不再需要把这些时间用作投资了,这才叫真正的幸福、真正的富裕。这种真幸福、真富裕,表现在可以自由地支配时间,而不是花多少钱,做多少奢侈的事情。

限制人获得幸福和感受幸福的是,现实中的人有着太多的不自由,这些不自由,来自于物质手段也来自于社会制度和文化,来源于跟外部环境不自由的博弈。在自由状态下人多数是幸福的,所以自由是幸福的源泉,也是幸福的保障。

同时,自由主要来源于内心的自由,其次才源于你的物质手段。幸福还分物质幸福和人际关系的幸福,人际关系的幸福在于有归属感、被承认、被爱和被尊重、被需要。一个人要追求自己的幸福,要获得自由的状态,内心要自由,也只有内心自由的人才可以获得人际关系的幸福。

## 第十章　幸福从何处来

### 利基与人的自由

首先,解释一下"利基"这个词。"利基"是一个法语单词 Niche 的音译,Niche 原意是指法国人在建造房屋时,在外墙上凿出的神龛,以供放圣母玛利亚。由于其边界清晰,洞内另有乾坤,后来被引用来形容未被注意的空白地带——缝隙市场。紧跟这个"空白地带"的内容几乎可以是任何内容,只是由于其最多地在经济领域中被提到和应用,从而也就被普遍地冠以这样的名头。

利基总是与流行、大众相对而说的,从这个角度看,利基就代表着小众、个性,支撑小众和个性的物品就是利基产品,这些利基产品的买卖行为则形成一个利基市场。与传统市场相比而言,利基市场更加重视那些个性化的、小众化的产品,并且对这部分产品的销售和利润给予足够重视,因为它被看做一个足以与传统流行文化市场相抗衡的主儿。对利基产品和利基市场重视而进行发扬提倡的一个理论便是长尾理论。

长尾理论本身就如它所囊括的利基有着纷繁复杂的诉求一样,也有着各种各样的内涵,从而产生出五花八门的解释,但有一点是确定的,那就是长尾理论认为,随着网络技术的普及和流通渠道变得通畅和容易,未来的市场是利基市场变得越来越重要的市场,以当前情况来看,利基市场已经与传统市场有了平分天下的趋势,照此发展下去,最可能的结果是未来只存在利基市场,而传统的流行文化市场会

# 用棒棒糖卖洗衣机
## ——司空见惯背后的玄机

消失不见，或者只会偶尔泛起一些浪花，再也不能成为真正的主力了。

欧美国家在较早年代的一些明星，创造了许多在今天看来不可企及的纪录，比如单张唱片的发行量、个人唱片的总销售纪录，达到了上亿张、数亿张的级别，这还不包括为数一定不少的盗版数量。这种情况，在我国也是存在的，只是情况发生了一些"改变"，一些过去出名的明星，包括港台大陆各个方面的，大多数都算是耳熟能详，差不多是所有人都知道的，然而近年来，情况则大不相同，问一下年纪比较小的孩子们，他们所喜欢的明星偶像，你一般会得到一个你从未听说过的名字作为答案。到了今天，这些"这么晚才出名"的人再也不可能获得那么大众的粉丝团，明星也成了利基产品。

无论是选择货物，还是追随喜欢的音乐歌曲，又或者是阅读一本书，这些生活中的行为（消费）都越来越趋向于个性化、差异化，大家不再步调一致地唱同一首歌曲，吃同样一个牌子的零食，谈论同样一部电视剧的剧情，人们开始有了更多的选择，有了更为个性而有差异的产品进行选择，甚至就连选择本身也变得丰富，就比如现在很多年轻人很少去看电视，而是通过上网去实现信息获取和视频浏览。

这么说来，利基成就了人对个性和自由的追求，我们常讲一个人要认识自己，要明白我就是我，每个人都只在自己的天空下瞭望，在自己的原野上撒欢，在自己的画框内写意，在自己的港湾里栖息，利基让这一切追求成为可能，也让这一切成为必然。个性化的产品、丰富的选择、用不完的供给，以及简单容易的实现办法，这就是利基带给人的自由。

随着利基产品的增多，人们有了更多的选择，满足了每

第十章 幸福从何处来

> 个人的个性需求，从而获得了更多的自由。我们在前面讲过，真正的幸福就是自由，确实，人生最令人艳羡的幸福通常表现为精神、物质财富、文化知识修养方面的丰裕，即身心上的完全自由。利基让我们看到的就是这种自由的趋势。

## 利基时间

关于利基与人的自由，还有另外一个思考的角度，那就是获得自由的路上，可以是以许许多多的利基来铺垫的。这正如我们所说的"不积跬步，无以至千里"，"千里之行，始于足下"，给人一种积少成多、聚沙成塔的启示，人的自由能不能通过一些利基（利基给我们一种细小和琐碎的印象）来拼凑、组合和支撑起来呢？

我们把利基与时间拉扯在一起，就连缀出了"利基时间"这样一个概念，它是指与大块时间相对的琐碎时间。

在说一个人怎样度过自己的一天时，我们总是比较容易（从而也比较鲁莽）地下结论道：睡觉 X 时间，工作 Y 小时，……Z 小时，把 X、Y、Z 三者相加，就得到了 24 小时的完整一天，或许可能再多上那么一两个至多三四个项目，但这种把 24 小时简单地分成几个板块的做法，却向来普遍。然而，我们细想一下，难道如此丰富世界里的丰富人，竟然会如此简单地度过岁月、碾过时光吗？实际上，我们无论在睡觉、工作、吃饭、学习……的列表上列出多少内容，都无法真正体现一个人的丰富一天，无论哪一种既成的列法，在这些内容的过渡中，都会存在间隙，都存在利基时间。更为重要的是，在我们所认定的某一块时间内，利基时间更是普遍地存在着，人类的身体结构和各种能力决定了人类不可能在长时间内只做一件事情，在一件事情

# 用棒棒糖卖洗衣机
## ——司空见惯背后的玄机

内部必然存在着其他的事情，或者是什么也不存在，这就是我们提出利基时间在某一块时间内存在的缘由所在。

我们可以举一两个例子来说明一下。当一个人说他工作 8 小时的时候，他可能是根据公司的上下班时间做了简单的减法，至多是抛去了他认为工作时间内明显可察的休息。实际上，做简单的减法，或者是抛去明显可察的休息时间，远远还未达到表示实际工作时间的真实程度，有人就指出，一日工作 8 小时的情况下，其实际有效工作时间不会超过 4 小时，这就是为什么会出现效率高低差别的原因。

工作效率的差异，其实很好地说明了大块时间里利基时间的存在，提高效率本身就是一个挤压利基时间、"增高时间密度"的一种努力。与工作情况类似的是学习活动，学习效率的巨大差异，让我们更容易理解大块时间里含有"水分"的事实。如果说，工作、学习这样的时间过程，还是人们在清醒时候难以"排挤"出利基时间，从而稀释了大块时间，那么，像睡觉这样的时间过程，会不会就不存在利基时间了呢？答案也是明确的，即使在睡觉的时候，也存在着大块的利基时间。

科学研究已经表明，人的大脑在睡眠中依然会有激烈的活动，并且每个时段会有显然的不同。在睡觉的过程中，一个人依然是可以把睡觉的时间（比如 8 个小时），拿出一部分来做其他的事情（比如，用 1 个小时来背单词，或者是用 1 个小时来构思文章），只是我们尚未弄清楚，睡觉时里面有多大的周旋余地，我们可以从大块时间里夺下多大的地盘，我们能发现多少的利基时间。也许，睡觉的时间是个巨大的宝藏，我们可能可以利用其中的一半甚至更多，其实，这也是人们研究超级学习方法的一种努力方向。更有"胆大包天"者认为，睡觉的全部时间都可以被攻克下来，用作利基时间，并且可以超出睡觉时间长度本身，因为我们有过这样的体验，睡了很短的时间，却做了一个很长的梦，在睡觉的时候，其时间过程（思维时间过程）可能与现实时间是不相吻合的，因此有了这种创造奇迹的希望。

通过上面的分析，利基时间的发掘和利用，可能会为人们提供更多的时间，从而让人们去做在今天看来因为时间不够而没法做的事情。除了利

第十章　幸福从何处来

基时间,还可能存在其他的利基的东西,总之,通过对于利基的探索,人们可能获得更大的自由,生活得更幸福。

## 网络对幸福感的影响

在利基对人的自由发生影响的过程中,网络起到了基础性的作用。实际上,在当今的世界上,已经很难找到一个人的生活一点都不被网络所影响,即使他不是网民。网络给我们带来巨大方便和好处(正如利基就是其中之一)的同时,也让我们感到更多的困惑,影响到了人们的幸福感。

还是先从利基说起,利基一方面可以促进人的自由,但也可能毁灭人的自由。我们知道,幸福感的多少和强烈程度,在短缺时代里,与选择的多少直接关联;但是到了丰裕时代,即人们被越来越多的选择所淹没和包围的时候,继续增加选择并不会让人产生更强的幸福感,反而会在选择中迷茫,这个时候选择成了一种负担,成了一种制约幸福感成长的因素,也就影响了人的自由。

举一个距离的例子,当人们从传统的货架市场(如超市)解放出来,能够在网络上轻点鼠标,选择自己喜欢的物品时,那是一种进步,里面有自由和幸福的洋溢。然而,网络上的商品种类和商家不断增多,每从网络上购买一样东西,都不得不进行价格的比对(同种商品)、品质的比较(相似商品)、真假的校验、服务的比较时,过多的选择成了一种繁重的负担。

网络对人的幸福感的影响,还体现在网络让现实变得虚幻化和陌生化。不可否认的是,网络毕竟是一种虚拟的真实,它虽然不能完全说是一种虚幻,但也不完全是一种真实。譬如网络所提供的生活场景或某种情感和生活,一方面是一种真实,但这种真实有的是理想的,有的是带着面具的。

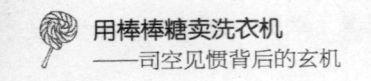

**用棒棒糖卖洗衣机**
——司空见惯背后的玄机

就是说,网络的真实性不能等同于现实的真实性,如果过分地相信网络所提供的真实,便会形成一种虚幻的真实。而以此来面对现实,往往会离现实越来越远。网络使人们对现实生活越来越陌生,很多网民只要一有空闲,便全身心地投入到网络中,把自己的情感、生活及一切都倾注给网络,把自己关在屋子里,不去接触社会,不去面对现实的生活。

当然了,网络还是给人们带来了很多的好处,它为人们提供了丰富的资源,满足了人们获取知识、信息查询、休闲娱乐、表达交流等各个方面的需求,让人能够足不出户就享受"手边"的幸福。

凡是稍有经验的人都可能有这样的体会,有了问题,向网络求教,很少让你失望。就一般人而言,只要你能想到的问题,在网络上检索,大多数都会让你满意,至少会给你很多有价值的线索。另外,网络上海量的资料也让许多人爱不释手,有人这样形容网络对自己的影响:我过去非常喜欢购买图书,微薄的薪水有一半都花费在买书上,但这几年,我已经很少再买书了,因为我过去找过很长时间的书,或者找到却无力购买的书,现在在网络上都能找到。

## 读书与幸福

在网络上共享图书、共享知识,已经成为一种流行的趋势。这种共享的方式会不会对阅读市场构成威胁,会不会伤害了作者和出版社的利益呢?实际上,网络上进行图书共享,对于作者和读者而言,都是有利的事情。因为从本质上来说,图书的存在,最本质的目的就是要进行知识或是语言文本本身的传播,网络共享让这种传播以更简单而易得的方式实现了。

对于读者来说,能够以更快捷的方式和更低的成本来开始阅读之旅,

## 第十章 幸福从何处来

并且阅读的过程也不会像纸质图书那样占用空间，或是某件事情打断阅读后还得寻找自己读到了哪个页码。也就是说，读者的阅读过程本身变得更为舒适和自由了。

对于作者来说，网络共享的方式能够让他们获得更大的读者群，让更多的人了解自己和自己的作品。尤其是对那些尚未成名的作者来说，这种分享是有百利而无一害的。并且，现实中也确实存在这样的情况：正是由于在网络上分享自己的表达内容，进而促成图书的出版。

即使对于那些已经成名了的作者，也可以从网络分享中获得好处。且不说，对于那些忠实的粉丝，或者被书中的文字吸引和感动的人而言，即使已经进行了网络阅读，依然会为拥有这样一本好书（纸质图书）而毫不犹豫地掏腰包。更常见的情况是，图书的网络共享，往往是图书部分内容的共享，通过让读者免费阅读一部分图书内容，来让读者下定购买的决心。因为一部真正的好作品，读者是愿意为它埋单的。

无论是进行网络上的部分（或全部）免费阅读，还是购买纸质图书进行阅读，读书本身就是与幸福联系在一起的。我们可以从这段对传统（纸质）图书阅读的描写中感受到读书对幸福的促进作用："工作之余，手捧一本好书，或低声吟咏，或沉思遐想，不仅给人以心灵慰藉，而且可以在心力交瘁中按摩疲劳；节假日，或坐在家中的阳台，或到书城走走，阅读自己喜爱的文章，吸取知识的清泉，不仅可以感受时代的足音，而且还可以享受人类智慧的奇思妙想。在对人生感到困惑时，感恩般地从大师的理性和睿智中汲取营养，沉静地寻觅和择取，从此便有了对未来的信心和企盼……有限的人生如果能够伴着无边的阅读，匆忙的生活如果有书相伴，我可以确信，我们的心田须臾都不会枯寂，我们的阅读也才是真正幸福的。"

时至今日，读书的概念、范围进一步地得到了扩展，网络阅读不就已经蔚然成风了吗。不管世界怎么变，书的作用没有变，读书的作用没有变。读书，能改变人生，读书能使人幸福。读书不仅能拥有现实的世界，还能拥有书中丰富多彩的世界。几乎没有人怀疑读书对一个人的成长的价值。

## 写在最后：
## 要不要买下这本书

　　读到这里，你已经对书的作用非常了解了，读书本身是可以让你获得幸福的。问题的关键是，究竟要不要买下这本书？

　　买还是不买，这是一个问题。我们在这本书的最后，用这本书里讲到的一些原理、方法来探讨一下究竟该不该出手购买此书，就当是对书中的玄机、真相的一次检阅和回顾。我相信，这里的分析也仅仅只能作为一个参考，因为读者通过对本书的阅读，已经拥有了一双慧眼，自然会进行理性的决策与判断。

　　要不要买下这本书，要看它的价格是否合理，有没有打一个不错的折扣。图书作为一件商品，当然会有它的价格，出版社费了大把的力气把它出版，进行销售，目的只有一个，那就是用它来赚钱，你是想在它刚出版不久就一睹为快，还是等它热闹的劲头过了，以一个较低的折扣拿到手里，关键就看你认为它的效用有多大。当然，这还得看你在读书的心理账户里有多少余款可以消费。

　　要不要买下这本书，要看你是否觉得它讲了一些有用的知识，是否真的能够为你解释疑惑，它是讲了一些人的偏见还是最本质的真理。我们知道，大多数的书都是有观点的，但是书里的观点是否真实合理那就说不准了，虽说你当时读起来会觉着说得没错。这本书是不是真的如你所期望的，为你展示了事情的真相呢？对这个问题的不同回答，可能是你是否购买的一个决定性因素。

## 写在最后：要不要买下这本书

要不要买下这本书，要看你究竟怎样理解友谊、爱情和幸福。我相信，在当今的时代里，已经没有人把朋友定义为非得是现实中天天见面的熟人，如果你通过阅读本书，觉得作者与你心有灵犀，那么也可以称得上是朋友了。你对爱情和幸福的理解，同样可能影响你是否购买本书，有的人觉得能够阅读一本好书是幸福的事情，而有的人却不这么认为。

当然，要不要买下这本书，也一定会和你有没有钱有关，和你把钱用来做什么有关。有的人拿钱投资，而有的人选择拿钱购买知识。

可能会有人说，我已经阅读了本书的电子版，还有必要买纸质图书吗？这就要看你如何理解幸福，有的人把阅读文本当成幸福，而有的人觉得除了文本本身，还需要"实实在在"的纸质图书拿在手上才更踏实。有的人认为自己享受阅读就是幸福，而有的人认为幸福要传递给别人，他们认为购买图书本身就是促成作者的幸福，把图书送给朋友就是把幸福传递给朋友，而把图书送给爱人则是用知识搭建的浪漫。

可能，有的人已经不再思考要不要买下这本书，而是在琢磨是否要一次买下3本：一本放在家里，一本放在公司，一本随身携带作为走在路上时的消遣；又或者是一本自己阅读，一本送给朋友或爱人，一本"束之高阁"作为一段特殊阅读体验的记忆和见证。

# 后 记

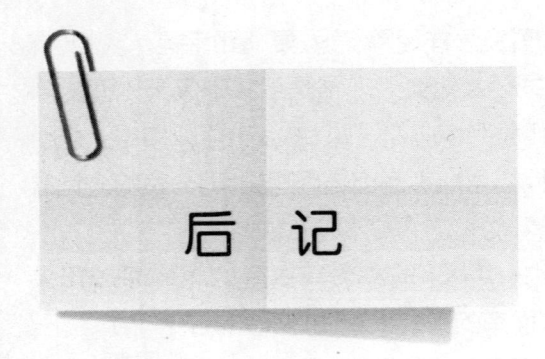

一本书的完成需要很多人的默默奉献，里面有集体的智慧。本书得以出版，很多人付出了艰辛的努力，在此向他们致以崇高的敬意和衷心的感谢。

感谢重庆出版社的各位领导和老师的指导和帮助，尤其感谢陶志宏、饶亚两位主任，何晶编辑；感谢北京光辉书苑文化传播公司的石恢先生、于始先生、张春晖先生、王玮女士、孟微微女士、陈文龙先生，感谢他们对本书的选题策划、资料收集和内容编撰，提出了很多建设性意见，本书的顺利出版离不开他们的大力支持！

本书在写作过程中，还得到以下朋友的关心和帮助，在此一并向他们致以诚挚的谢意：肖燕、金利杰、赵智楠、张贤、方清、欧阳秀娟、周会娟、韩佳媛、张思博、金西东、史丹于、李红、许丹、孙丽丽、李青云、陈炫、刘亚争、李建芳、李萍等。

本书在编写过程中，参考和借鉴了大量的资料和图书，从中得到很大的启发，也汲取了其中的智慧菁华，在此也向他们表示由衷的感谢。

感谢以上老师和朋友的帮助，也希望各位读者不吝赐教，以使不当之处在再版时得以纠正，不胜感激。

编 者

2010 年 5 月 10 日